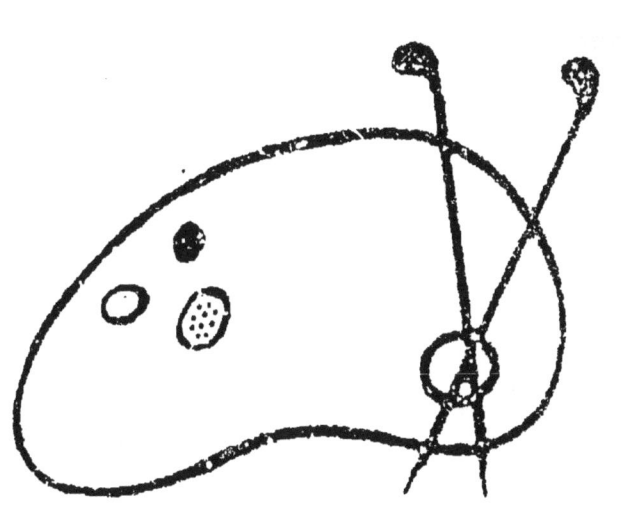

Couvertures supérieure et inférieure
en couleur

COLLECTION MICHEL LÉVY
— 1 franc 25 cent. le Volume —
PAR LA POSTE, 1 FR. 50 CENT.

THÉODORE DE BANVILLE

LA VIE
D'UNE
COMÉDIENNE

PARIS

CALMANN LÉVY, ÉDITEUR
ANCIENNE MAISON MICHEL LÉVY FRÈRES
RUE AUBER, 3, ET BOULEVARD DES ITALIENS, 15
A LA LIBRAIRIE NOUVELLE

COLLECTION MICHEL LÉVY, 1 fr. 25 c. le volume (Extrait du Catalogue

A. Dumas.

Acté.
Amaury.
Ange Pitou.
Ascanio.
Aventure d'Amour.
Aventures de John Davys.
Les Baleiniers.
Bâtard de Mauléon.
Black.
Les Blancs et les Bleus.
Bouillie de la C^{esse} Berthe.
Boule de Neige.
Bric-à-Brac.
Un Cadet de famille.
Capitaine Pamphile.
Capitaine Paul.
Capitaine Rhino.
Capitaine Richard.
Catherine Blum.
Causeries.
Cécile.
Charles le Téméraire.
Chasseur de Sauvagine.
Château d'Eppstein.
Chevalier d'Harmental.
Cheval de Maison-Rouge.
Collier de la Reine.
La Colombe.
Compagnons de Jéhu.
Comte de Monte-Cristo.
Comtesse de Charny.
Comtesse de Salisbury
Confessions de la Marquise
Conscience l'Innocent.
Création et Rédemption.
Le Docteur Mystérieux.
La fille du Marquis.
Dame de Monsoreau.
Dame de volupté.
Les deux Diane.
Les deux Reines.
Dieu dispose.
Drame de 93.
Drames de la Mer.
Drames galants.
La marquise d'Escoman.
La Fem. au Collier de Vel.
Fernande.
Une fille du Régent.
Filles, Lorettes et Courtis.
Le Fils du forçat.
Les Frères corses.
Gabriel Lambert.
Les Garibaldiens.
Gaule et France.
Georges.
Gil-Blas en Californie.
Grands Hommes en robe de chambre. — César, Henri IV. — Louis XIII et Richelieu.
Guerre des Femmes.
Hist. d'un Casse-Noisette.
L'Homme aux Contes.
Les Hommes de fer.
L'Horoscope.
L'Ile de feu.
Impress. de voyage — en Suisse.
— en Russie.
Une année à Florence.
L'Arabie heureuse.
Bords du Rhin.
Capitaine Aréna.
Le Caucase.
Le Corricolo.
Midi de la France.
De Paris à Cadix.
Quinze jours au Sinaï.
Le Speronare.
Le Véloce.
Villa Palmieri.
Ingénue.
Isabel de Bavière.
Italiens et Flamands.
Ivanhoe de W. Scott.
Jacques Ortis.
Jacquot sans Oreilles.
Jane.
Jehanne la Pucelle.
Louis XIV et son Siècle.
Louis XV et sa Cour.
Louis XVI et la Révolut.
Louves de Machecoul.
Madame de Chambley.
Maison de Glace.
Maître d'Armes.
Mariages du Père Olifus.
Les Médicis.
Mes Mémoires.
Mémoires de Garibaldi.
Mémoires d'un Aveugle.
Mémoires d'un Médecin (Balsamo).
Le Meneur de Loups.
Mille et un Fantômes.
Les Mohicans de Paris.
Les Morts vont vite.
Napoléon.
Nuit à Florence.
Olympe de Clèves.
Le Page du Duc de Savoie.
Parisiens et Provinciaux.
Pasteur d'Ashbourn.
Pauline et Pascal Bruno.
Un Pays inconnu.
Père Gigogne.
Père la Ruine.
Le Prince des Voleurs.
Princesse de Monaco.
Princesse Flora.
Les Quarante-Cinq.
La Régence.
La Reine Margot.
Robin Hood le Proscrit.
Route de Varennes.
Le Salteador, suite des Mohicans.
Salvator.
Souvenirs d'Antony.
Les Stuarts.
Sultanetta.
Sylvandire.
La Terreur Prussienne.
Testament de M. Chauvelin
Théâtre complet.
Trois Maîtres.
Trois Mousquetaires.
Trou de l'Enfer.
La Tulipe Noire.
Vicomte de Bragelonne.
Vie au Désert.
Une vie d'Artiste.
Vingt ans après.

G. d'Entragues.
Hist. d'Amour et d'Argent

X. Eyma.
Aventuriers et Corsaires.
Femmes du Nouv.-Monde.
Les Peaux-Rouges.
Le Roi des Tropiques.
Le Trône d'Argent.

A. Dumas fils.
Antonine.
Aventures de 4 Femmes.
Boîte d'argent.
Dame aux Camélias.
Dame aux Perles.
Diane de Lys.
Docteur Servans.
Régent Mustel.
Le Roman d'une Femme.
Sophie Printems.
Tristan le Roux.
Trois Hommes forts.
La Vie à vingt ans.

P. Féval.
Alizia Pauli.
Amours de Paris.
Capitaine Simon.
Compagnons du Silence.
Dernières Fées.
Fanfarons du Roi.
Maison de Pilate.
Nuits de Paris.
Roi des Gueux.

G. Flaubert.
Madame Bovary.

P. Foucher.
Vie de plaisir.

A. Frémy.
Confessions d'un Bohémien

Galoppe d'Onquaire.
Diable Boiteux à Paris.
Diable Boiteux au Château
Diable Boiteux au Village.

A. Gandon.
Le Grand Godard.
L'oncle Philibert.
Les 32 duels de J. Gigon.

S. Gay.
Anatole.
Comte de Guiche.
Comtesse d'Egmont.
Duchesse de Châteauroux.
Ellénore.
Le Faux frère.
Laure d'Estell.
Léonie de Montbreuse.
Malh. d'un Amant heureux
Un Mariage sous l'Empire
Mari confident.
Marie de Mancini.
Marie-Louise d'Orléans.
Moqueur amoureux.
Physiologie du ridicule.
Salons célèbres.
Souv. d'une vieille Femme

J. Gérard.
Chasse au Lion.

G. de Nerval.
Bohème galante.
Filles du Feu.
Marquis de Fayolle.
Souvenirs d'Allemagne.

F. Gerstaecker.
Brigands des Prairies.
Voleurs de Chevaux.
Pionniers du Far-West.
Le Peau-Rouge.
Maison Mystérieuse.
Charmante Habitation.

E. de Girardin.
Emile.

Goethe.
Hermann et Dorothée.
Werther.

Mme E. de Girardin.
Canne de M. de Balzac
Contes d'une vieille
La Croix de Berny.
Il ne faut pas jouer à la douleur.
Le Lorgnon.
Marguerite.
Marquis de Pontanges
Nouvelles.
Poésies complètes.
Vicomte de Launay.

W. Godwin.
Caleb Williams.

Ol. Goldsmith
Vicaire de Wakefield

L. Gozlan.
Baril de Poudre d'or
La Comédie et les Co
La Folle du logis.
Notaire de Chantilly.

Mme Man. de Grand
L'Amour aux champs
L'Autre Monde.

M. Guizot.
La France et la Pruss

L. Hilaire.
Nouvelles fantaisistes.

Hildebrand.
La Chambre obscure.
Scènes de la vie holland

A. Houssaye.
L'Amour comme il est
Femmes comme elles s

Ch. Hugo.
Chaise de paille.

F. Victor Hugo.
Faust anglais.
Sonnets de Shakespear

J. Janin.
L'Âne mort.
Le Chemin de traverse.
Un cœur pour 2 Amour
La Confession.

P. Juillerat.
Les deux Balcons.

A. Karr.
Agathe et Cécile.
Chemin le plus court.
Clotilde.
Clovis Gosselin.
Contes et Nouvelles.
Encore les Femmes.
Famille Allain.
Les Femmes.
Feu Bressier.
Les Fleurs.
Geneviève.
Les Guêpes.
Une heure trop tard.
Hist. de R. et J. Duche
Hortense.
Menus propos.
Midi à quatorze heures
Pêche en eau douce et eau salée.
Pénélope Normande.
Poignée de Vérités.
Promen. hors de mon J
Raoul.
Roses noires et Roses r
Soirées de Sainte Adre
Sous les Orangers.
Sous les Tilleuls.
Trois cents Pages.
Voyage autour de Jardin.

Boulogne (Seine). — Imprimerie JULES BOYER.

COLLECTION MICHEL LÉVY

LA VIE

d'une

COMÉDIENNE

CALMANN LÉVY, ÉDITEUR

DU MÊME AUTEUR

Les Parisiennes de Paris. . . . . . . 1 vol
Odes Funambulesques. . . . . 1 vol

LA VIE

D'UNE

COMÉDIENNE

PAR

TH. DE BANVILLE

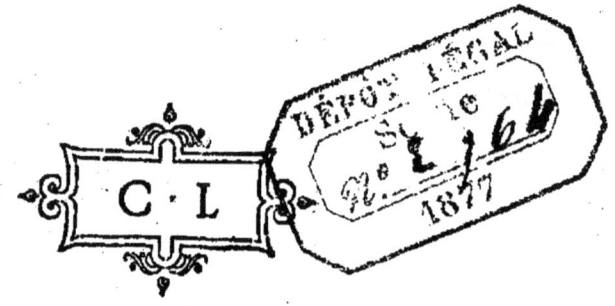

PARIS
CALMANN LÉVY, ÉDITEUR
ANCIENNE MAISON MICHEL LÉVY FRÈRES
RUE AUBER, 3, ET BOULEVARD DES ITALIENS, 15
A LA LIBRAIRIE NOUVELLE

—

1877
Droits de reproduction et de traduction réservés.

LA
VIE D'UNE COMÉDIENNE

— MINETTE —

Sous la Restauration florissaient encore sur les théâtres du boulevard le mélodrame à spectacle et le mélodrame-féerie, genres tout à fait perdus aujourd'hui et dont il est difficile de se faire une idée, même en se reportant aux chefs-d'œuvre de cet ordre les plus connus ; car Guilbert de Pixérécourt, que nous nous figurons à distance comme le héros de cette littérature pompeuse, n'en fut au fond que le Malherbe. Il s'en empara pour la civiliser, et par conséquent pour y déposer les premiers germes de destruction.

En ce temps peu éloigné encore, il est vrai, mais déjà séparé de nous par tant de faits, le théâtre populaire se proposait un but radicalement opposé à celui qu'il poursuit aujourd'hui : au lieu de chercher à émouvoir l'ouvrier des faubourgs par le spectacle de sa propre vie, au lieu de lui représenter ses poignantes misères de chaque jour, il était la fantaisie qui les lui faisait oublier par les fictions où le merveilleux abondait comme dans les contes de fées et les récits des Mille et une Nuits.

Autant les auteurs cherchent aujourd'hui à atteindre une réalité d'où puissent découler des enseignements, autant alors, se bornant au rôle modeste d'étourdir et de distraire au lieu d'instruire, ils employaient tous leurs efforts à faire vivre le spectateur au milieu des plus étincelantes poésies du rêve. Aussi le côté moral n'était-il représenté dans leur œuvre que par le triomphe complet de la vertu au dénoûment, conclusion aussi éminemment consolante qu'elle est fausse au point de vue humain et religieux, car tout terminer ici-bas, n'est-ce pas démontrer l'inutilité d'une autre vie ?

Qu'on me pardonne ces quelques lignes d'avant-propos sans lesquelles on se figurerait involontairement tel qu'il est aujourd'hui le théâtre de la Gaîté où s'est passée tout entière l'existence poétique et singulière que je veux essayer de retracer. Pour l'imaginer tel qu'il était alors, il faut rêver une sorte de compromis entre les théâtres où on joue l'opéra et les petits spectacles où nous voyons représenter des pantomimes. Décors à effet montrant les cieux, les enfers, et, comme paysages purement terrestres, les sites de montagnes les plus échevelés, avec les torrents, les cascades et les pins croulants sur des abîmes; machines compliquées, trucs, illusions, vols aériens, feux du Bengale; armées de danseuses, de comparses, et de personnages amalgamant dans leurs riches et prétentieux costumes toutes les mythologies et toutes les époques chevaleresques, tel était l'effet général d'un théâtre de boulevard à cette époque où le spectacle était encore la seule pâture donnée aux instincts artistiques du peuple.

Les habitants du Marais, pour qui la représentation d'un mélodrame était une si grande affaire que, pendant quinze jours au moins, ils en critiquaient jusqu'à la partition avec le sérieux réservé aujourd'hui aux discussions politiques; les amateurs de la vieille roche qui nomment avec tout le respect du souvenir Tautain, Frénoy, Ménier père et mademoiselle Lévesque, se rappellent encore une actrice, nommée Adolphina, qui remplissait habituellement les rôles de fées ou de génies, et qui jouissait d'une incomparable célébrité pour l'adresse qu'elle apportait dans l'exercice vulgairement nommé : combat au sabre et à la hache.

En 1813, une année avant la naissance de sa fille Minette, qui a laissé, elle, une véritable réputation, Adolphina était une femme de seize ans à peu près, mais à qui tout le monde en aurait donné vingt-deux, tant sa tête était flétrie et déflorée par les habitudes les plus grossières. Magnifiquement proportionnée, mais d'une taille colossale, dont les statues de villes placées sur la place de la Concorde peuvent donner une idée avec leurs muscles de taureau et leurs membres athlétiques, cette amazone de bas étage eût été belle, si l'idée de beauté pouvait s'allier avec le manque complet d'intelligence et d'idéal. En effet, ses traits admirablement réguliers effrayaient et éloignaient pourtant le regard par tous les signes qui indiquent l'âme absente. Son front étroit, sur lequel empiétait encore une forêt touffue et inextricable de cheveux d'un blond fauve, l'expression hébétée et féroce de ses yeux d'un gris verdâtre, sa bouche charnue, exprimant tous les appétits sensuels, et meublée de dents blanches comme celles d'un nègre ou d'un animal carnassier, ses oreilles trop petites et d'une merveilleuse structure, enfin les taches de rousseur répandues à profusion sur sa peau où se brouillaient inégalement le blanc, et le rose, et l'or du hâle, tout en elle accusait ces races éternellement indomptées qui en pleine France vivent de la vie sauvage.

A sept ans, Adolphina s'était enfuie de chez ses parents, pauvres ouvriers de Châlon-sur-Saône, pour suivre des saltimbanques, dont elle avait depuis lors exercé le métier, fourrant sa tête dans la gueule des lions, faisant des armes avec les sergents-majors, enlevant avec ses dents des poids de cinq cents livres et se faisant fracasser des pavés sur le ventre. Remarquée à la foire de Saint-Cloud par un directeur qui l'avait trouvée superbe l'épée en main, elle avait été engagée au théâtre de la Gaîté. Peu de temps après, on y voyait entrer à sa suite l'homme à qui obéissait cette étrange créature, moitié femme, moitié bête fauve.

Qui ne l'a observé? Le besoin de s'agenouiller devant un maître follement aimé existe chez ces natures sauvages au même degré que chez les âmes d'élite. Adolphina avait trouvé son vainqueur dans un clown, nommé Capitaine, qui, grâce à sa protection, avait quitté les baraques de la foire pour représenter dans les mélodrames-féeries les crapauds, les tortues, et tous les monstres infernaux qui disparaissent par une trappe anglaise, au commandement de la sorcière. Il est inutile de dire que la sauteuse, en qui tout était vice, et qui passait son existence noire de coups et ivre d'eau-de-vie, ne pouvait se donner qu'au Vice; seulement, elle avait su en trouver une expression plus honteuse et plus basse que ce qu'elle était elle-même, car elle représentait du moins la Force aveugle et intrépide !

Au contraire, quoique lui aussi fût doué d'une vigueur qui le rendait redoutable, Capitaine était lâche. Haut de quatre pieds dix pouces à peu près, il avait tout à fait l'aspect d'un nain à côté de la géante qu'il tyrannisait et qu'il battait sans rien perdre de son prestige. Sa figure était exiguë et ignoble. Ses yeux noirs, humides, enfouis sous des sourcils épais avaient l'air d'avoir été percés avec une vrille. Son nez grotesque, sa bouche démeublée et capricieusement fendue, son menton trop court exprimaient la cruauté stupide. Surmonté de cheveux rares, toujours trop bien frisés, ce visage était envahi tout entier par une barbe qui, même rasée avec soin, le laissait tout entier d'un bleu foncé. L'incroyable toilette du Capitaine ne contribuait pas peu à compléter cet ensemble. En tout temps, il portait sous son col rabattu une cravate de soie couleur de rose ; son corps maigre flottait dans une redingote garnie de velours, et une énorme chaîne en chrysocale émaillée se balançait sur son gilet de velours bleu de ciel. Ajoutez un pantalon de fantaisie collant, des chaussures toujours percées et toujours vernies, des mains courtes et maigres chargées de bagues indescriptibles, et une de ces pipes courtes et noires dites *brûle-gueule*, dont toute la personne du clown exhalait le parfum mêlé à celui de l'alcool, vous aurez à peu près cette figure de mine si ignoble qu'elle en devenait presque effrayante.

Tel était à peu près le couple que, même dans un monde trop exempt de préjugés, personne ne voyait sans terreur, après plusieurs mois de rapports quotidiens. Aussi, quand, le spectacle fini, Adolphina traversait les couloirs, appuyée sur le bras du monstre qu'elle appelait *son homme*, tout le monde s'écartait par un mouvement involontaire. Plusieurs fois, dans des guet-apens, Capitaine, qui était d'une habileté prodigieuse à tous les exercices du corps, avait laissé ses adversaires sur le carreau avec des dents brisées et des côtes enfoncées; d'ailleurs, on le savait capable de tout. Il inspirait un effroi mortel jusque dans la maison qu'il habitait avec Adolphina, rue de la Tour. Chaque soir on les voyait rentrer, portant l'un ou l'autre, avec le paquet de hardes, une bouteille de litre pleine d'eau-de-vie, et lorsqu'une demi-heure après commençaient les cris, les bruits de lutte et de vaisselle brisée, personne ne songeait à aller s'entremettre dans ces querelles de ménage, comme aussi personne ne s'avisait jamais de questionner Adolphina sur les coups de couteau dont elle portait les traces, ou sur les coups de bâton à la suite desquels elle se montrait avec le crâne fendu et sanglant.

Tous les voisins s'attendaient à voir le clown sortir seul quelque matin, et à trouver sa compagne assassinée. Pourtant les deux saltimbanques continuaient au contraire à s'adorer de cet amour mêlé de haine qui était le fond de leur vie, et c'est là surtout qu'il n'eût pas fait bon à venir mettre le doigt entre l'arbre et l'écorce. Si la curiosité des voisins ne fut pas entièrement déçue, du moins ne se trouva-t-elle pas satisfaite par le dénoûment qu'elle attendait; un jour, ils s'aperçurent que l'actrice était enceinte.

Dans quel étrange dessein la Providence pouvait-elle vouloir donner un enfant à cette créature qui non - seulement n'avait rien d'une mère, mais qui n'avait rien d'une femme? Adolphina ne se souvenait pas d'avoir jamais été embrassée par sa mère, et les enfants lui faisaient horreur. A travers ses voyages de saltimbanque, quand par hasard elle avait vu une de ses compagnes allaiter un de ces petits anges dont la vue désarme même les cœurs les plus cruels, ce spectacle n'avait excité chez elle que du dégoût et de l'impatience. Du jour où elle sut qu'elle aussi allait être comme ces femmes qu'elle avait raillées, ses querelles avec son amant devinrent encore plus violentes et plus furieuses que par le passé. L'ivresse seule, cette ivresse de plomb qui succède à d'effroyables excès, pouvait mettre un terme à leurs combats toujours sanglants, et cependant Adolphina résistait à tout cela, grâce à son corps de fer. On croyait bien que le clown aurait tué vingt fois son enfant avant qu'il ne vînt au monde; mais personne n'osa aller le dénoncer aux magistrats. Enfin le jour de la délivrance arriva sans que Capitaine eût cessé un moment ses brutalités avec sa maîtresse, sans que celle-ci eût éprouvé un sentiment humain tandis que tressaillaient ses entrailles. Dans ce grand moment qui dompte les courages les plus fiers, ce ne furent pas des cris de douleur qu'elle poussa, mais des cris de rage.

Une fois qu'elle fut mère, il y eut un point sur lequel les deux amants s'entendirent à merveille : ce fut pour reporter sur l'enfant, mais cent fois plus vive, cent fois plus acharnée, cent fois plus implacable, la haine qu'ils avaient l'un pour l'autre.

Maintenant, quel enfant pouvait être né de parents semblables? Un collectionneur qui laissera une bibliothèque dramatique aussi complète que celle de M. de Soleinnes et une remarquable galerie de tableaux représentant tous des acteurs, conserve de beaux portraits de la jeune fille qui fut célèbre au théâtre sous le nom de Minette.

Le premier, daté de 1822, la représente à l'âge de sept ans, l'autre à celui de quatorze ans, où elle mourut à la suite d'un accident tragique dont le souvenir existe encore au boulevard.

Le lecteur voudrait sans doute un nom plus poétique, et je n'aurais pas manqué à le choisir tel, s'il m'eût été permis d'inventer. Mais celui-là a été consacré par les journaux du temps et par les pièces du théâtre imprimées, aussi dois-je le conserver. D'ailleurs, comme il arrive toutes les fois qu'on s'est habitué à attacher à un nom tout un ensemble de souvenirs, pour moi le nom étrange de Minette représente merveilleusement la douce et pâle figure de cette enfant morte si jeune.

Dans le premier portrait déjà, la pâleur nacrée et transparente de la tête sur laquelle flotte une indicible mélancolie, le nez et la bouche d'une finesse excessive, et pour ainsi dire exagérée, de grands yeux bleus d'un bleu céleste de myosotis, qui boivent tout le ciel, et des cheveux blonds comme ceux des saintes, qui se confondent avec l'auréole, séparés au milieu de la tête et aplatis tout droits au-dessus d'une oreille d'une délicatesse infinie, jettent l'âme dans un attendrissement profond, car on aperçoit sur cette image tous les signes dont sont marqués les êtres qui ne doivent pas vivre. Par un heureux caprice, l'artiste a eu le bon goût de ne rien changer à l'habillement de la petite Minette. Elle grelotte sous un fichu bleu troué dont les plis fatigués et flasques ne peuvent pas du tout dissimuler une maigreur dont la vue fait peine.

Quant à l'autre portrait, je dirais qu'il est tout à fait celui d'une sainte, ravie en extase, si je ne craignais de blasphémer en parlant ainsi d'une pauvre fille qui mourut sans avoir été lavée par l'eau du baptême. Dans ce tableau, fait, comme le premier, par un artiste qui, sans connaître la petite Minette, avait admiré sa beauté angélique dans les coulisses de la Gaîté, le regard est tout à fait perdu dans l'infini, la bouche pâle et triste est éclairée par un sourire qui ne la quittera plus, même au delà de cette vie, les cheveux trop fins volent au souffle de la brise comme des fils de la Vierge, les mains amaigries et transparentes semblent vouloir saisir les palmes vertes du paradis.

Est-il besoin de dire quelle inguérissable tristesse s'empara de cette enfant délicate et frêle, glacée d'effroi dès que ses yeux s'ouvrirent, dès qu'elle commença à entendre et à comprendre, car elle n'entendit que des cris et des menaces et ne vit que des scènes de violence. Abandonnée sur un méchant berceau garni de haillons indescriptibles, elle s'était tout de suite habituée à serrer contre son corps ses pauvres petits membres quand le froid la saisissait, car elle avait bien vite compris que personne ne viendrait la couvrir; quand elle avait faim, elle se taisait, car elle savait qu'en le disant elle exciterait la colère de son père et de sa mère, et ferait redoubler ces cris qui la faisaient frémir. Pendant les six heures à peu près que durait le spectacle, la petite Minette restait sans lumière, toujours couchée dans son berceau défait, et frissonnant sous la chemise de grosse toile qui lui déchirait la peau. Alors, une fois qu'elle avait entendu le double grincement de la clef qui l'enfermait, déchirée par le froid et la faim, enveloppée par la nuit noire, l'enfant se sentait élevée par les ailes du rêve, car c'est une grâce que Dieu ne refuse jamais aux créatures complétement malheureuses, de leur ouvrir la porte d'or qui mène aux paradis invisibles. Elle voyait des choses dont rien n'avait pu lui donner l'idée dans le triste galetas dont elle n'était pas sortie, des feuilles, des fontaines, de grands paysages pleins de fleurs où passaient des figures de femmes en robes bleues semées d'étoiles.

Puis elle était réveillée par le retour de ses parents déjà à demi ivres qui rentraient avec colère en renversant les meubles et en s'injuriant. Adolphina se délaçait en jurant et s'enveloppait de quelques méchantes jupes ; Capitaine allumait son brûle-gueule et endossait une souquenille rouge pareille à celle que portent les forçats ; puis, assis chacun d'un côté à une table de bois blanc qu'éclairait une chandelle fumeuse, les deux mimes commençaient à boire de l'eau-de-vie en criant, en se disputant et en hurlant des chansons que l'enfant ne comprenait pas, mais qui la jetaient dans une profonde terreur. Enfin l'ivresse allait croissant, et les coups se mettaient de la partie. La lutte s'engageait pour durer jusqu'à ce que les deux combattants tombassent ivres morts sur le lit ou sur le carreau ; et la chandelle, dont la longue mèche rouge faisait flamboyer les ténèbres à l'entour, ne s'éteignait que lorsqu'elle était tout à fait consumée, après avoir répandu sur le chandelier, sur la table et sur les verres des torrents de suif noirâtre.

Alors c'était de nouveau la nuit, l'ombre et le silence affreux, au milieu duquel les ronflements du clown et de sa maîtresse épouvantaient l'enfant presque autant que l'avaient fait leurs vociférations. Minette, les yeux tout grands ouverts, les mains pendantes hors de son petit lit, essayait de ressaisir les belles visions qui l'avaient bercée en l'absence de ses parents, et parfois elle parvenait à s'endormir parmi ces jolis rêves. Aussi tressaillait-elle de tout son corps au bruit horrible que faisait en se levant Capitaine, qui allumait sa pipe et vernissait ses bottes trouées en hurlant à tue-tête sa chanson favorite :

> Il était un grenadier
> Du régiment de Flan-an-dre.

C'est ainsi que la pauvre petite fille atteignit l'âge de six ans, n'ayant jamais été embrassée, et n'ayant jamais entendu un mot qui ne fût une injure. Alors, ses parents songèrent à l'utiliser en lui faisant jouer des rôles d'enfant dans les mélodrames-féeries, et il fut décidé que Capitaine lui apprendrait à lire. Jusque-là, elle n'avait été que rudoyée; de ce jour elle commença à être battue. Mais de ce jour-là aussi s'ouvrit pour elle tout un monde de consolations, car son père avait choisi pour lui enseigner la lecture un exemplaire des *Contes des Fées* de madame d'Aulnoy, imprimé sur papier gris, et qu'il avait acheté quatre sous sur le boulevard à l'étalage d'un bouquiniste. Si elle tremblait comme la feuille en entendant son père l'appeler des noms les plus abominables, si elle devinait, à lui voir froncer les sourcils, qu'il allait encore lui briser ses pauvres petits doigts avec la tringle d'acier qu'il ne quittait pas pendant tout le temps que durait la leçon, si elle toussait à rendre l'âme, étouffée par les bouffées que le clown lui envoyait en plein visage, du moins elle put vivre en idée loin de la hideuse réalité qui la tuait.

Pour elle qui n'avait rien vu, qui ne savait rien, le monde enchanté de madame d'Aulnoy, avec ses féeries, ses princesses captives, ses palais magiques, ses combats, ses épreuves, ses triomphes, ses costumes splendides, fut le monde réel. En apprenant par ces poëmes si bien faits à l'image de la vie, qu'ici-bas toute félicité devait être achetée par des travaux et des souffrances, elle s'imagina qu'elle aussi respirerait un jour l'air pur, débarrassée de ses haillons et de l'enfer qui l'entourait, et elle sentait son front rafraîchi par le souffle de quelque bonne fée. Dans ses extases, elle traversa les airs sur des chariots célestes; accoudée sur une conque de nacre, elle glissa sur les eaux aux chants des nymphes couronnées de fleurs. Quand elle avait marché toute une nuit au milieu d'une campagne aride où les ronces et les cailloux déchiraient ses pieds, alors, guidée par quelque lumineuse étoile, elle arrivait à un palais dont les portes de diamant s'ouvraient d'elles-mêmes, et où de belles servantes l'attendaient pour la laver dans les eaux de senteur, et pour lui passer, avec le linge blanc comme la neige, les colliers, les diamants, les saphirs, les robes couleur de soleil et couleur de lune. Debout, près de la table chargée d'aiguières d'or, un beau chevalier, appuyé sur sa grande épée encore souillée du sang des monstres, l'attendait pour s'agenouiller devant elle et pour lui offrir le talisman qui fait obéir les génies. Ainsi elle vivait, désolée, meurtrie, mais donnant toute sa pensée à l'existence idéale dans laquelle elle se voyait transfigurée et heureuse.

Comme son père lui apprenait à lire, sa mère lui apprit à coudre, afin de l'employer à mettre en état les robes de ville et les oripeaux de théâtre. Adolphina maltraita sa fille plus cruellement encore que ne le faisait le clown, mais Minette, qui était née pour ainsi dire avec les suaves douceurs d'une âme résignée, était devenue la Résignation même depuis que son esprit d'enfant avait trouvé une fenêtre ouverte pour s'envoler dans le ciel. En songeant aux jeunes filles des contes renfermées dans quelque grotte obscure, ou condamnées à de pénibles travaux par la méchanceté des enchanteurs, elle se sentait presque heureuse de ravauder les chiffons de sa mère, et de tendre ses jolis doigts à la tringle d'acier de Capitaine. Maintenant qu'elle savait assez de couture pour faire adroitement ce que lui ordonnait Adolphina, on lui laissait de la chandelle pour passer la soirée, mais en lui infligeant un travail au-dessus de ses forces. De plus, elle devait préparer le souper de ses parents avec les provisions qu'on lui laissait, et se remettre ensuite à l'ouvrage. Mais elle avait bien vite expédié toute cette besogne avec ses doigts de fée, et elle pouvait revenir à son cher livre, qui lui racontait les aventures merveilleuses.

Elle lisait déjà si couramment et si bien que Capitaine avait arrêté là ses leçons, seule éducation que dût jamais recevoir Minette. Un jour, pour la première fois depuis longtemps, sa mère la lava et la peigna avec soin, lui mit du linge blanc, une petite robe neuve et un fichu de laine bleue qu'elle avait apportés du dehors, et ayant fait elle-même une toilette aussi soignée que le lui permettaient ses habitudes de désordre, dit à Minette :

— Prends ton livre, tu vas venir avec moi.

L'enfant ne savait que penser, mais suivit aussitôt Adolphina avec son obéissance accoutumée. Comme elle n'avait jamais passé la rue de la Tour, où ses plus longues courses consistaient à aller chez le boulanger, chez le charbonnier ou chez la fruitière, elle se sentit toute joyeuse en respirant l'air dans la rue des Fossés-du-Temple, où le boulevard envoyait quelques parfums de fleurs et de printemps, car on était en juin. Pendant la route qui dura trois ou quatre minutes à peine, elle se demandait où la conduisait sa mère, lorsque celle-ci s'arrêta devant un grand bâtiment percé de nombreuses fenêtres, et d'une petite porte au-dessus de laquelle on lisait en grosses lettres : *Entrée des artistes*. C'était le théâtre de la Gaîté.

— Entrons, dit Adolphina, c'est ici.

Puis, entraînant toujours l'enfant après elle, elle monta l'escalier, traversa les couloirs, la scène obscure, d'autres couloirs encore, arriva enfin à une antichambre meublée de quelques mauvaises banquettes, et dit à une espèce d'huissier :

— Il m'attend, dis-lui que c'est moi.

— Dans un instant, répondit le domestique ; madame Paul est avec lui ; ils n'en ont pas pour cinq minutes.

En effet, moins de cinq minutes après, Minette ouvrit de grands yeux en voyant passer devant elle une femme élégamment parée qui lui représenta les fées et les princesses dont elle lisait tous les jours l'histoire ; puis sa mère et elle furent introduites dans le cabinet du directeur.

— Ah ! dit celui-ci à Adolphina, tu ne m'as pas trompé, l'enfant est bien jolie ! Ah çà, comment diable as-tu fait pour être la mère d'un bijou pareil ? Tu dis qu'elle sait lire ?

— Comme toi et moi.

— Eh bien ! dis-lui qu'elle me lise quelques lignes, à haute voix, et bien lentement.

L'enfant, tout interdite, ne bougeait pas.

— Tu n'entends donc pas, petite mendiante, petite misérable ! lui cria sa mère en la frappant violemment à l'épaule.

— Oh ! fit le directeur, je vois qu'elle a été bien élevée.

Minette ouvrit son livre et se mit à lire le conte de *Gracieuse et Percinet*, mais avec tant d'âme et d'intelligence, car ce beau récit était pour elle une histoire vraie, avec une voix si délicieusement sympathique et suave que le directeur charmé prêtait l'oreille comme à une musique ! Sans doute il n'eût pas songé de longtemps à interrompre la petite fille dont il contemplait la tête blonde et mélancolique avec le plaisir qu'on éprouve à laisser se prolonger un rêve agréable. Mais le domestique entra.

— Monsieur... dit-il.

— Va-t'en au diable, s'écria le directeur avec une voix si bourrue que le valet s'enfuit épouvanté.

Puis, se retournant vers Adolphina :

— Cela me va parfaitement, dit-il, aux

conditions que tu sais. Demain on répète la féerie au théâtre ; amène-la dès demain, et tâche qu'elle sache son petit rôle par cœur. Surtout ne bats plus ce pauvre petit ange, tu la tueras !

— Bon, répondit Adolphina en emmenant sa fille, j'en ai reçu bien d'autres, et ça ne m'a pas empêchée de grandir.

Tels furent les simples événements à la suite desquels Minette se trouva remplir un petit rôle de génie pendant les nombreuses répétitions d'un mélodrame fantastique, sans savoir ce que c'était que le théâtre, dont elle n'avait jamais entendu parler d'une manière qui fût compréhensible pour elle. Habituée qu'elle était par ses rêveries et par son livre à se figurer que toute existence humaine avait deux côtés bien distincts, l'un hideux comme ce qu'elle voyait chez sa mère, l'autre merveilleux comme les aventures qui occupaient toute sa pensée, elle ne s'étonna pas du tout d'entendre des hommes et des femmes en habit de ville s'appeler entre eux prince et princesse, ni de voir des nymphes des fontaines en manches à gigot et des génies du feu en polonaise verte. De même elle trouva tout naturel d'entendre parler de forêts magiques, de palais célestes et de torrents enchantés parmi de vieux châssis poudreux couverts de toile peinte; car elle se doutait bien qu'un jour la lumière inonderait ce monde enfoui dans l'obscurité et dans la poussière, et en ferait un monde de réelles féeries et de splendeurs éblouissantes. Elle devinait qu'alors, sous les rayons qui perceraient toute cette ombre, les fleuves rouleraient des flots pleins de fraîcheurs et de murmures, que les feuillages se balanceraient sous le vent, que les fleurs s'épanouiraient éclatantes et parfumées, et que les palais découperaient sur l'azur du ciel leurs délicates sculptures.

Et, elle le sentait aussi, tout le peuple merveilleux qui devait habiter ces salles, ces clairières, ces paysages, ces maisons de diamant incendiées par le soleil, ces campagnes penchées sur des ondes endormies au clair de lune, toute cette foule passionnée, ivre d'amour, reprendrait ses riches habits, ses pierreries, sa dorure, et aussi la noblesse des traits et du geste. Vieillards à la chevelure de neige couronnés d'un cercle d'or; fées voltigeant sur un lis; chevaliers agitant leur épée flamboyante; jeunes femmes aux robes lamées, éperdues sous les menaces des divinités ennemies; génies et anges traversant le ciel comme des sillons de lumière; tous ces personnages de sa comédie laisseraient là leurs grossières enveloppes, et apparaîtraient tels que les lui avait montrés madame d'Aulnoy, éclairés par toutes les flammes que secoue sur ses créations la main mystérieuse de la Poésie.

Aussi dois-je le dire hardiment, au risque de paraître avancer une chose incroyable, le jour venu, la représentation, les décors, les costumes, les machines, les feux de la rampe et du lustre, la salle, les parures, les toilettes, la foule curieuse et palpitante n'excitèrent chez Minette aucune surprise. Les seuls étonnements qu'elle devait connaître de sa vie, elle les avait éprouvés chez sa mère, dans son berceau et dans son lit d'enfant, en ne comprenant pas que la vie pût être ce qu'elle voyait, ce taudis infect, cette chandelle rouge et fumeuse, ces chansons d'orgie, ces ivresses et ces combats horribles. Du moment où une révélation inattendue était venue lui dire : la vie n'est pas cela! elle y avait cru avidement; ces contes qu'elle avait lus étaient devenus pour elle l'histoire du monde. Aussi ne devait-elle jamais comprendre que le théâtre fût une fiction ; pour elle, ces féeries dans lesquelles elle jouait un rôle devaient toujours être des drames réels. Jusqu'au jour où elle mourrait, son cœur devait se serrer quand l'héroïne se débattait contre des monstres qui pour elle sortaient en effet de l'enfer. Et ce fut avec une émotion bien réelle, avec une croyance bien profonde, que, soutenue par un fil de fer auquel elle croyait moins qu'à ses petites ailes, elle s'arrêta au milieu des airs pour dire à son camarade Couturier : « Rassure-toi, prince Charmant, les puissances infernales se lasseront bientôt de te persécuter, et cette radieuse étoile dissipera les ténèbres qui te cachent la retraite d'Aventurine ! » La pauvre petite, en étendant la main pour montrer son étoile en strass tenue par une queue de laiton, croyait bien vraiment porter dans ses mains un astre du ciel ; illusion qui n'était pas même ébranlée lorsque le chef d'accessoires lui reprenait des mains cette verroterie.

Les critiques me demanderont sans doute comment ces rêveries ne s'enfuyaient pas au moment où tombait le rideau de manœuvre, et comment Minette continuait à y croire une fois que le décor était défait, les quinquets éteints, et lorsque les chevaliers vainqueurs avaient quitté la cotte de mailles pour la houppelande sous laquelle ils daignaient se laisser admirer au café Achille. D'abord je répondrais que j'essaye de raconter et non pas d'expliquer cette douce et poétique folie ; mais n'y aurait-il pas là le sujet d'une remarquable étude psychologique ? Une fois notre éducation faite, nous ne nous rappelons pas assez les peines qu'on s'est données pour séparer dans notre esprit le merveilleux du réel ; nous oublions tout ce qu'il a fallu d'études, de raisonnements et d'expériences pour détruire en nous cette confusion qui enivre les âmes naïves. De même que nous ne naissons pas avec le sentiment des distances, et que l'expérience, la comparaison, et le secours des sens nous apprennent seuls que tous les objets que nous pouvons apercevoir ne sont pas à la portée de notre main; de même aussi il nous faut tout un enseignement pour apprendre où finit l'ordre matériel des choses et où commence la vie surnaturelle ; et encore les âmes simples et les hommes de génie ne le savent-ils jamais bien !

Pour la petite Minette à qui rien n'avait été appris, elle voyait bien chaque jour s'arrêter à la même heure ce qui lui semblait être l'existence vraie, mais elle n'y croyait pas moins pour cela; même dépouillés de leur costume, les personnages de la féerie gardèrent toujours pour elle leur puissance, et, même vus dans leur réalité hideuse, les machines, les trappes, les cordages furent toujours pour elle les éléments d'enchantements formidables. Il y avait alors au théâtre de la

Gaîté un machiniste nommé Simon, très-
brave homme tout chargé de famille, exact
à remplir ses devoirs, à qui la nature s'était
plu à donner par un jeu singulier le physique rébarbatif des diables qui sortent des
boîtes à surprises. Malgré tous les éloges que
la petite Minette avait entendu faire de ce
père excellent, et quoiqu'il lui témoignât une
profonde douceur, elle le regardait comme un
démon venu de l'enfer, et rien ne put la ras-
surer à ce sujet. En voyant le visage rouge
de l'honnête Simon, ses yeux sanguinolents,
ses sourcils terribles, et la crinière en brous-
saille qui lui servait de chevelure, elle
reconnaissait un suppôt de Satan et de Pro-
serpine, la dame au diadème de paillon
rouge, à qui les mythologues du boulevard le
mariaient si cavalièrement, sans respect pour
les théogonies. Jamais elle ne montait sans
tressaillir sur une machine ou dans une
gloire dont le maniement était confié à
Simon; et s'il fallait qu'elle passât à côté de
de lui dans un couloir, elle se reculait toute
tremblante et se serrait contre le mur en se

faisant si petite qu'on ne la voyait plus. Alors le bonhomme souriait tristement, et Minette tremblait plus fort, croyant voir le sourire d'un bourreau attendri d'avance sur la victime qu'il sera forcé d'égorger.

En revanche Minette avait une adoration pour une belle personne, pleine de douceur, madame Paul, qui jouait les bonnes fées, les rôles sympathiques. Le fait est que c'était une jeune femme bienveillante et aimable, blanche et timide comme une colombe, et peu faite pour vivre au milieu des triomphants Almanzors qui composaient la troupe de la Gaîté. Madame Paul adorait la petite Minette ; lorsqu'elle la voyait au foyer, elle la prenait sur ses genoux, l'embrassait, et lui donnait des bonbons qui faisaient moins de plaisir que les baisers à cette enfant toujours privée de caresses. Une fois que Minette regardait avec une convoitise involontaire un petit sachet turc brodé de soie et de paillettes, que madame Paul portait au cou, et qui dans la pièce représentait un talisman, celle-ci le lui donna après le spectacle. Une autre fois, un artiste avait apporté à madame Paul, dans les coulisses, plusieurs exemplaires d'une lithographie coloriée qui la représentait dans un costume de Fée des Eaux. Les dessins lithographiés, d'une invention encore toute récente alors, étaient un objet de grande curiosité ; tout le monde s'empressait autour de la comédienne pour admirer ce portrait et pour tâcher d'en obtenir une épreuve. Minette qui, bien entendu, n'osait rien demander, mais qui ouvrait tout grands ses beaux yeux bleus, fut la première favorisée et faillit devenir folle de joie.

Le sachet, qu'elle pendit à son cou pour ne jamais le quitter, fut pour elle un vrai talisman. De même que dans les féeries elle voyait madame Paul, armée de sa baguette de diamant et couronnée de resplendissantes étoiles, terrasser les démons, rapporter la lumière au milieu des nuits funèbres, et changer les voûtes infernales en paysages du paradis ; de même elle s'imagina que cette bonne fée la sauverait de tous les périls, et ferait briller enfin d'une clarté pure sa vie maintenant voilée par tant de ténèbres. Elle avait attaché avec des épingles, sur le papier de la pauvre chambre qu'elle habitait avec son père et sa mère, le portrait dont elle faisait une idole ; et quand par hasard on lui donnait quelques fleurs, elle en parait cette chère image. C'est devant elle qu'elle élevait son âme dans les rêveries qui étaient pour elle la prière, puisqu'elle ne savait aucune prière. C'est aussi devant cette image qu'elle passait de longues heures à broder, entre les répétitions et le spectacle.

En effet, Adolphina et Capitaine avaient bien vite pensé que cette enfant de leur haine ne leur rapportait pas encore assez d'argent, et qu'il fallait lui faire apprendre un métier. D'abord elle ne jouait pas dans toutes les pièces ; puis sa mémoire lui permettait de dépenser très-peu de temps à étudier ses rôles. Justement, il y avait dans la maison une madame Lefèvre, entrepreneuse de broderies, dont le mari, monteur en bronze, avait pris Minette en amitié pour sa gentillesse. On fit marché avec cette femme, et on lui confia

Minette, dont l'intelligence miraculeuse dévora encore les difficultés avec une incroyable ardeur. En moins d'une année, elle était devenue ouvrière de première force, et dès lors sa mère la reprit avec elle. Tous les trois ou quatre jours, elle allait chez les marchands, et apportait à Minette une tâche qui eût découragé les filleules des fées. Lorsque en rentrant à l'heure du dîner, elle ne trouvait pas la tâche faite, elle battait sans pitié la pauvre enfant qui ne répliquait pas un mot, et pleurait sans rien dire. Pourtant, elle faisait des merveilles de prestesse et d'habileté. Sous ses doigts agiles, les fleurs, les fleurettes, les festons, les guirlandes, les arabesques, les feuillages naissaient par enchantement. Lorsque ses petits doigts n'en pouvaient plus, elle regardait le portrait de sa fée chérie et se mettait à travailler de plus belle, faisant jouer son aiguille et ses fins ciseaux, comme s'ils eussent été vivants.

A douze ans qu'elle avait alors, Minette, qui ne devait jamais connaître ni le nom du roi, ni l'existence de la cour, brodait déjà des chefs-d'œuvre, qui, vendus pour rien à une célèbre marchande de la rue de la Paix, excitaient l'admiration à la cour de Charles X. Mais tant de fatigues l'avaient tuée. Ses traits, naturellement très-fins, étaient devenus d'une ténuité extrême; son nez aminci, ses lèvres pâlies, et les taches roses qui coloraient ses pommettes, indiquaient, sans que le doute fût possible, une maladie de poitrine qui allait devenir mortelle. Parfois, au foyer, quand madame Paul la mettait sur ses genoux, à la voir si souffrante et si frêle, elle pleurait en se rappelant une fille qu'elle avait perdue et qui aurait eu l'âge de Minette. Rafraîchie par ces larmes qui coulaient sur son front comme une douce rosée, l'enfant prenait dans ses petites mains la tête de son amie, et la couvrait de baisers ardents. En termes assez mesurés pour ne pas fâcher Adolphina, madame Paul la suppliait de ménager sa fille.

— Vous la tuerez, disait-elle.

— Bah! répliquait la funambule en jouant avec son sabre de la pantomime, la mauvaise herbe croît toujours!

Plus Minette, en grandissant, avait montré d'intelligence, de soumission et de douceur, plus la haine de ses parents s'était accrue, sans que rien pût expliquer ce sentiment étrange. Au milieu de leur ivresse quotidienne, une seule pensée survivait en eux bien distincte et jamais endormie : celle de tourmenter et de désespérer leur enfant. Ces deux êtres violents, qui se craignaient et s'exécraient sans pouvoir se passer l'un de l'autre, voyaient-ils chacun dans la petite fille un portrait de l'être qu'ils haïssaient ? Ou bien cet ange tendrement résigné leur semblait-il être un reproche vivant de leurs vices, de leurs débauches et de leur vie irréparablement souillée ? Peut-être encore, en la voyant si délicate, si pareille en sa beauté aristocratique à ces enfants riches que leurs bonnes promènent aux Tuileries, sentaient-ils redoubler leur rage contre la vie honnête dont ils étaient à jamais exclus ? Car malgré leurs talents, et malgré tout le parti qu'ils tiraient de Minette, leur inconduite les condamnait forcément à la misère.

Sans doute en regardant cette créature poétique, qui, toute maltraitée et abandonnée qu'elle était, ressemblait aux enfants nés pour le luxe, ils songeaient à ces maisons commodes et bien rangées, égayées par un feu souriant, que le soleil visite avec joie ! Chacun d'eux, en regardant son sauvage compagnon, se disait à part soi : J'aurais tout cela si j'étais seul ! Et alors leurs regards se tournaient féroces et impitoyables contre le pauvre être dont la naissance avait encore resserré une chaîne détestée. Du moins, ils le croyaient ainsi; car quelle femme assez robuste pour boire sans sourciller des litres d'eau-de-vie, et pour recevoir sans en être ébranlée des coups qui auraient terrassé un lutteur, pouvait remplacer pour Capitaine l'athlétique Adolphina; et, quant à elle, quel homme lui eût fait oublier son charmant clown à cravate rose ?

Déjà Minette avait cette petite toux sèche, si effrayante quand on l'a déjà entendue, et qui retentit dans le cœur de ceux qui l'écoutent. Souvent, dans le foyer, les jambes et le col nus, vêtue en ange ou en Amour, elle avait des quintes si terribles qu'elle semblait prête à rendre l'âme. Le sang affluait à son visage, ses yeux se fermaient, et elle pouvait à peine se soutenir. Alors sa mère lui criait :

— Veux-tu te taire, méchante drôlesse!

Elle la prenait par la main, la faisait sortir du foyer en la bousculant, et l'emmenait dans sa loge. Dès qu'elles étaient sorties, on frissonnait en entendant dans les couloirs les menaces d'Adolphina et les pleurs étouffés de l'enfant. Capitaine, costumé en diable ou en grenouille, avec sa tête sous le bras, ne faisait aucune attention à cet épisode et continuait à fredonner quelque romance sentimentale. Si quelqu'un de ses camarades lui faisait remarquer les cruautés d'Adolphina : « Bah! disait-il, ce sont leurs affaires! Je n'entends rien aux questions de pot-au-feu, je suis un artiste! »

Pourtant les souffrances de Minette, ce martyre de toutes les heures infligé à une enfant qu'on voyait déjà couronnée par les roses blanches de la mort, avaient attendri quelques honnêtes cœurs, et on fit des efforts pour intéresser le directeur à cette histoire fatale. Madame Paul, qui était entourée au théâtre de ce respect que savent imposer dans tous les mondes les caractères dignes, le supplia d'interposer son autorité.

— Hélas, Madame, lui répondit le directeur, je souffre comme vous de voir assassiner cette créature angélique; sa toux me bouleverse l'âme. Je donnerais tout au monde pour la sauver, mais j'y perdrais mes peines! Vous me demandez de moraliser ces familles de comédiens; mais j'ai déjà assez de peine pour concilier leurs amours-propres et à obtenir qu'ils sachent leurs rôles! A ce que je vous dis là vous devez croire que je n'ai pas de cœur. Le seul être que j'aie aimé sur la terre, ma propre fille, une enfant de quinze ans, belle comme une sainte, s'est enfuie de ma maison pour suivre un ténor sans voix, qui portait des cols en papier et des gants verts! Elle a subi toutes les horreurs de la pauvreté et de la faim, et elle est morte désespérée, sans soins et sans secours, avant

que j'aie pu savoir ce qu'elle était devenue !
Madame, ma pauvre Marie, pour qui j'aurais
donné, une à une, toutes les gouttes de mon
sang, elle a été battue ! Elle a rendu le dernier soupir dans des draps déchirés et sales !
Tenez, nous vivons du théâtre, sachons vivre
au théâtre tel qu'il est, et que Dieu prenne
pitié de la petite Minette !

Dieu prit pitié d'elle en effet, car il lui
envoya ce qui est le dernier espoir des malheureux et des désespérés, la seule illusion
qui puisse faire vivre encore les âmes profondément blessées et saignantes d'une plaie
mortelle, l'amour ! Quoi, direz-vous, à treize
ans ! Hélas c'est la destinée de ces existences
de hasard, que les âges mêmes soient déplacés pour elles, et que leur charmante promesse soit moissonnée en sa fleur ! N'oubliez
pas que nous sommes au théâtre de la Gaîté
en 1828, c'est-à-dire que deux révolutions et
tout un monde d'idées ont passé sur ces événements obscurs.

J'ai nommé Couturier, qui jouait le prince
Charmant ! Quelques années auparavant, tout

le boulevard du Temple avait beaucoup parlé de Couturier, qui était le Lauzun d'un monde impossible. La vie de cet acteur, pour qui avaient soupiré les plus célèbres courtisanes du temps, et dont le nom mis en vedette sur l'affiche avait encore une influence directe sur la recette des avant-scènes, avait commencé de la manière la moins romanesque. A douze ans, il faisait partie de ces cohortes de gamins, nés dans le ruisseau de la rue, qui ramassent des bouts de cigares, ouvrent les portières des fiacres, vendent des contre-marques et se livrent en outre à tous les commerces non reconnus par le Code de commerce. Couturier n'annonçait aucune des dispositions qui caractérisent l'enfance des hommes destinés à devenir illustres, si ce n'est qu'il avait une prédilection particulière pour la musique des régiments. Quand il avait suivi pendant une heure les soldats le long des boulevards et à travers les rues, il entrait avec eux dans la caserne, et se faisait donner quelques sous, soit en faisant la roue suivant les traditions les plus pures, soit en chantant des chansons obscènes dont il savait un répertoire inépuisable. Dans ses fréquents rapports avec l'armée, le petit Couturier apprit à imiter d'une manière assez grotesque différents types de conscrits et de grognards, et de plus acquit pour battre la caisse un talent dont se fût montré jaloux plus tard le héros du divin poëte Henri Heine.

C'est grâce à cette double spécialité de tambour et de chanteur qu'il fut engagé en qualité de tambour sauvage au café des Aveugles et du Sauvage, sous les galeries du Palais-Royal. Coiffé de plumes, vêtu d'un maillot couleur de chair sur lequel s'étalait un amulette de velours noir brodé d'argent, et affublé d'une barbe d'un noir terrible, Couturier tapait sur trois ou quatre paires de timbales à la grande joie des vieillards qui viennent passer là trois ou quatre heures devant une corbeille d'échaudés et une bouteille de bière. De là il se trouva tout naturellement amené à prendre un rôle dans les comédies à trois personnages qui remplissent les intervalles du concert, car le personnel du café des

Aveugles n'était pas assez important pour permettre à Couturier de se borner à exercer exclusivement la profession de sauvage. Quoiqu'il fût petit et trapu, et que son front disparût presque entièrement sous une chevelure ondoyante et crespelée qui semblait vouloir manger sa figure, ce jeune homme pouvait passer alors pour beau. Ses traits, pour ainsi dire prétentieusement réguliers, offraient une vulgaire copie de ceux que la statuaire prête à l'Apollon antique, et il représentait assez bien un dieu grec devenu marchand de chaînes de sûreté. Il joua donc les amoureux, moyen infaillible de faire des conquêtes, à Paris surtout, où les femmes voient toujours dans le comédien le héros qu'il représente. Aussi ne tarda-t-il pas à exciter une grande passion chez une femme à la mode, que protégeait ostensiblement un des plus hauts fonctionnaires du royaume. Dès lors on vit Couturier venir à sa cave en gants blancs, en chemises de batiste, et couvert de plus de rubis, de saphirs et d'émeraudes que n'en étale une madone italienne. Il fit fureur dans le monde des impures, et chaque jour, à cinq heures du soir, le café était encombré de bouquets à son adresse. Fleurs, bonnes fortunes et femmes élégantes, tout le suivit au théâtre Lazary, où il débuta peu de temps après par le rôle de Roméo dans « *Roméo et Juliette*, drame-vaudeville en deux actes, imité de l'anglais. »

Bien qu'il affichât cinq ou six maîtresses depuis une riche marchande du quartier Saint-Martin jusqu'à la bouquetière en renom qui lui attachait à la boutonnière de délicieuses roses du Bengale, la femme qui avait mis en lumière cette perle enfouie continua ses folies pour Couturier au théâtre Lazary. Elle y avait loué à l'année deux loges d'avant-scène dont les cloisons avaient été abattues de façon à ménager une petite antichambre, et qui, richement tendue d'étoffes de soie à crépines d'argent par le tapissier de la cour, faisaient à peu près l'effet d'un joyau de duchesse oublié sur la table d'un cabaret borgne. Par l'ostentation d'un bizarre caprice, la courtisane recevait les visites de ses familiers dans sa loge, où on savait la rencontrer de huit à dix heures du soir. Elle n'eut pas une amie intime qui ne tînt à l'honneur de rendre infidèle l'amant si complétement adoré, et Couturier ne fut plus appelé que le *beau Couturier*, nom sous lequel on le désigne encore au théâtre, en dépit de ses cinquante-trois ans.

Le directeur de la Gaîté qui était, comme nous l'avons vu, un philosophe, ne voulut pas laisser aux petits théâtres une si éclatante réputation, et engagea le comédien « pour les avant-scènes, » disait-il. Grâce à l'auréole dont l'entourait sa renommée, Couturier fut accepté sans conteste par les auteurs, par ses camarades et par le public pour tous les rôles qui demandaient de la jeunesse, du charme et de l'élégance, quoique son talent fût absolument nul, et sa distinction on ne peut plus contestable. A l'époque où nous le rencontrons au théâtre de la Gaîté, il avait eu la petite vérole, était devenu presque chauve, et à vingt-sept ans ne montrait plus que des ruines. Depuis longtemps les fameuses émeraudes du café des Aveugles avaient été remplacées par des verroteries; Couturier, à force d'artifices, tâchait de persuader à ses camarades qu'il était toujours l'homme à bonnes fortunes d'autrefois, mais il sentait avec une profonde humiliation que personne ne croyait plus à ce mensonge et que bientôt on ne ferait même plus semblant d'y croire. Il était complétement découragé, et se l'avouait enfin! D'abord il avait espéré de jour en jour que quelque éclatante passion excitée chez une femme brillante lui rendrait tout son luxe et sa gloire ancienne; mais il était désabusé et ne comptait plus sur rien. Un seul rêve lui restait, habituel à ces natures lâches : il cherchait une femme à tourmenter et voulait immoler à sa célébrité perdue une dernière victime. Sa dernière consolation c'était l'idée qu'il ferait payer à quelque douce créature toutes les déconvenues dont il était abreuvé, et il tressaillait de joie en songeant qu'il pourrait encore sentir une proie vivante saigner sous ses griffes à demi arrachées. Ce fut le beau Couturier que Minette aima secrètement jusqu'à l'adoration, et sans espoir!

Pour cette âme enfantine qui flottait irrésolue dans les limbes célestes de l'idéal, pour cette vierge enthousiaste qui vivait dans un poëme et croyait aux féeries, Couturier était beau et brave, les princesses l'aimaient, les divinités assises sur des nuages roses venaient lui parler à l'oreille, il avait emporté l'eau de beauté de la grotte des Sirènes, il était le prince Percinet, il était le prince Charmant! Elle passait de longues heures à le regarder d'une coulisse agitant son épée au bruit des musiques triomphales; elle le voyait s'agenouiller devant de belles personnes toutes tremblantes, et elle l'écoutait, désolée et ravie, murmurer d'une voix persuasive les plus belles phrases de l'amour. Elle fixait sur lui ses yeux bleus, puis elle versait des torrents de larmes, car il lui semblait impossible qu'elle devînt jamais une de ces glorieuses filles de roi qu'elle saluait au sortir d'un bosquet de roses, ou pour lesquelles, pauvre petit génie, elle agitait au haut des airs les rameaux verdoyants et les étoiles enchantées.

Or, elle se disait qu'à moins de se voir ainsi la couronne en tête et suivie par de jeunes pages portant la queue de sa robe tissée de rayons, elle n'attirerait jamais les yeux de ce héros qui triomphait des géants et des enchanteurs. Alors elle se sauvait au foyer, elle se jetait dans les bras de madame Paul, et elle pleurait encore, jusqu'à ce que la cruelle Adolphina l'eût rappelée au sentiment de ses misères réelles par quelque parole dure et brutale.

Pourtant la pauvre Minette eût été trop heureuse si cet amour fût resté ignoré de celui qui l'inspirait, et il n'entrait pas dans sa destinée qu'elle évitât aucune souffrance. Elle devait être une de ces martyres, qui, toutes brisées et meurtries par les coins et les chevalets des tortures humaines, s'envolent purifiées et une palme à la main à l'heure où s'exhale leur dernier souffle. Un soir, au moment où Couturier, ses derniers cheveux au vent, récitait en scène un monologue de désespoir, et se tournait vers la coulisse de gauche en s'écriant : « *Et vous que j'invoque à votre tour, ne pouvez-vous rien non plus pour moi, puissances infernales, divinités de l'abîme !* » à la lueur des flammes qui sortaient du parquet pour répondre à cet audacieux blasphème, il aperçut entre deux portants Minette, qui, les bras pendants, le col tendu, le regardait fixement, avec une expression à laquelle ne pouvait pas se tromper un homme déjà vieux dans la débauche. En même temps il entendit la toux déchirante de l'enfant, et vit distinctement une grosse larme couler sur sa joue aux transparences de nacre.

Tout rompu aux planches qu'il était, Couturier oublia son rôle pendant deux secondes, et ne put retenir un mouvement de joie. « Oh ! se dit-il, cet enfant me sauve. » Et il savoura d'avance les jouissances d'orgueil qu'il aurait à effeuiller la pâle couronne de cette blanche fiancée, et à s'enivrer des adorations de cette mourante qui ne devait aimer personne après lui. Mais il était trop habile en ces matières pour ne pas se figurer qu'il devait employer les précautions les plus minutieuses, tant pour ne pas effrayer l'innocence de Minette que pour ne pas éveiller les soupçons d'Adolphina et de Capitaine. D'ailleurs, comme tous les hommes qui n'éprouvent absolument rien, il était admirablement apte à jouer le rôle d'un amoureux platonique et à s'accouder dans des poses à effet. Il pouvait d'autant mieux « contenir les élans de son cœur » que, tout déchu qu'il était, il avait encore su conserver deux ou trois maîtresses.

Jamais jeune homme de seize ans, amoureux de sa cousine, ne ramassa mieux les fleurs fanées, et ne tressaillit en frôlant une robe de soie plus naturellement que ne le faisait Couturier, et ses plates comédies rendaient Minette folle de joie, car, pour elle, c'était l'amour même. Comme tous les roués, le comédien ignorait une seule chose, la passion vraie, et par conséquent il n'aurait pas pu se douter qu'il se donnait des peines inutiles.

Dès le premier moment, Minette s'était donnée à lui corps et âme en pensée; elle l'aurait suivi au bout du monde sans lui demander seulement : « M'aimez-vous » et si Couturier lui avait dit : « Je veux te tuer, » elle n'aurait senti que du bonheur en tendant sa gorge au couteau. Il aurait pu la prendre dans ses bras échevelée, et l'emporter où il aurait voulu, elle ne se serait pas retournée pour regarder derrière elle ! Les gens vicieux ne croient jamais à ces amours-là, et c'est leur punition. Couturier se contentait de serrer à la dérobée la main de Minette et il ne s'apercevait pas qu'elle recevait cette caresse banale comme une faveur inespérée. Une fois pourtant il la rencontra seule au théâtre dans une pièce peu éclairée, et elle le regarda avec un abandon si passionné que Couturier la prit dans ses bras et posa sur sa bouche un long baiser. Toute renversée en arrière, Minette sentit son cœur battre un grand coup, tout son sang s'agita, elle crut mourir. Quelqu'un venait : Couturier qui entendit du bruit se sauva précipitamment, et Minette s'en alla avec le ciel dans son cœur.

A présent, Minette avait trouvé ses vertes Florides; elle y marchait parmi les fleurs, en écoutant chanter les oiseaux et murmurer les fontaines! Libre et joyeuse, elle allait, appuyée sur le bras du bien-aimé, livrant ses mains aux baisers, sa chevelure aux folles brises. Elle s'enivrait de parfums; elle s'arrêtait sous les berceaux de jasmins pour y regarder passer les beaux papillons et les scarabées au corsage d'or. Elle se délassait au murmure des flots argentés; elle guérissait sa tête brûlante dans la fraîcheur des nuits d'étoiles. Quant à sa vie réelle, qu'était-ce auprès de ces rêves? Ses souffrances! Est-ce qu'elle les sentait seulement? Aimée, tout lui semblait doux, et son pénible travail de couturière et de brodeuse, et la servitude affreuse du ménage. Battue, meurtrie, prisonnière dans le bouge où sa mère buvait l'eau-de-vie, et où Capitaine fumait son brûle-gueule en chantant ses chansons infâmes, elle se trouvait heureuse, car l'espérance lui faisait un paradis, même de cette chambre, soudainement peuplée de visions riantes ! Elle ne sentait plus sa poitrine déchirée, elle ne s'affligeait pas de sa toux opiniâtre, elle ne songeait qu'au bonheur de vivre ! Le clown pouvait fredonner, dans les intervalles de ses colères, *le Grenadier du régiment de Flandre*; elle n'entendait que les hymnes des fées et les harpes de sainte Cécile !

Mais, hélas ! il lui fallut bien sortir de cette extase pour entendre les cris qui éclataient dans son enfer, car de nouveaux événements y étaient survenus, et rendaient sa vie tout à fait impossible. Depuis quelque temps Adolphina, devenue coquette, se parait d'une manière inusitée, et ne rentrait presque plus à la maison. Les courts instants où elle y paraissait se passaient en querelles et en batailles abominables avec Capitaine. Le clown comprit qu'il était trompé et s'abandonna à des fureurs insensées. La nouvelle passion d'Adolphina n'était déjà plus un secret pour personne ; mais, comme toujours, Capitaine fut le dernier à apprendre qu'elle s'était follement éprise d'un jeune homme de dix-sept ans, écuyer au Cirque, et beau comme un enfant trouvé qu'il était.

Au dire de la sauteuse, ce diable-à-quatre passait à travers les ronds de papier de soie avec une grâce qui devait faire rêver une femme ! Toujours est-il qu'elle n'avait pas trop mal choisi, car son amant s'engagea dans l'armée quelques mois plus tard, et mourut en Afrique, officier de hussards et aide de camp d'un général. Capitaine battait et déchirait sa maîtresse sans obtenir un aveu, et Adolphina que rien n'engageait plus à ménager son tyran, ne se faisait pas faute de lui rendre coups pour coups. Minette avait beau se jeter entre eux et tendre ses mains suppliantes, son père ou sa mère la foulait aux pieds sans plus s'inquiéter d'elle que si elle n'avait pas existé, et, leurs visages saignants, leurs cheveux arrachés, continuaient leurs luttes de bêtes fauves. Le plus souvent Minette, évanouie, d'effroi et d'horreur, se trouvait seule quand elle revenait à elle.

Éperdue, elle se levait en versant des torrents de larmes, et sentait mille pointes aiguës déchirer sa poitrine. Elle s'épongeait le visage avec de l'eau froide, rajustait sa pauvre toilette fripée, et moitié folle, courait au théâtre, où elle retrouvait pour quelques heures sa vie d'enchantements, la musique, les lumières, et les poëmes animés dont le héros était toujours celui dont la seule vue la faisait trembler de bonheur, et madame Paul, son bon génie ! Mais ces alternatives de terreur et de plaisir la laissaient brisée, sans souvenirs et sans force. L'harmonieuse pâleur d'une mort prochaine glaçait ses joues amaigries, ses prunelles s'éclairaient d'une flamme intérieure, et, comme une auréole, ses fins cheveux blonds frissonnaient dans une transparente lumière. Tout le monde le voyait, une année plus tard, cette douce enfant aurait fini de souffrir, et, croisant ses mains délicates sur sa poitrine enfin apaisée, dormirait d'un calme sommeil.

Mais les cruels événements de sa vie n'étaient pas finis là. Voici le terrible drame auquel assistèrent un matin les locataires qui habitaient la rue de la Tour.

Après un tumulte épouvantable qui dura une demi-heure, et dans lequel se confondaient les cris de rage, les hurlements de douleur, les imprécations, le craquement des meubles qu'on brise et le bruit des vaisselles cassées, on entendit les vitres d'une fenêtre voler en éclats. Cette fenêtre était celle du logement où demeurait le clown. Les fragments des vitres tombèrent avec fracas sur les pavés et s'y émiettèrent; en une seconde tout le monde était dans la cour. On vit le châssis s'agiter, comme si une personne faisait des tentatives désespérées pour l'ouvrir, et comme si une autre personne l'en empêchait avec violence. Enfin la fenêtre fut ouverte.

Adolphina parut, sanglante, percée de coups de couteau, les lèvres écumantes, terrible encore de l'effort affreux qu'elle venait de faire. Elle ouvrit la bouche comme pour parler, mais le sang l'étouffa ; elle tournoya sur elle-même, et retomba, cadavre inerte, contre l'appui de la fenêtre, sur lequel pendirent ses cheveux. Elle était morte. Alors seulement, on aperçut Capitaine dressé tout roide sur ses pieds, fou de fureur, les yeux sortis de leurs orbites, les cheveux hérissés. Ses manches de chemise étaient relevées sur ses bras tatoués de cœurs enflammés et de lacs d'amour ; il tenait encore à la main le couteau avec lequel il venait d'assassiner sa maîtresse.

En voyant la cour pleine de monde, en entendant les cris qui le menaçaient, le clown bondit en arrière et se mit à tourner autour de la chambre comme un tigre forcé par les chasseurs. Avec sa force d'athlète, il traîna tous les meubles vers la porte, les entassa les uns sur les autres, et en fit une solide barricade. Il était temps. Déjà les crosses des fusils sonnaient sur le carreau dans le corridor. Alors, par un saut effrayant et qu'un clown seul pouvait tenter, car le logement était situé au troisième étage, Capitaine s'élança par la fenêtre. Il espérait tomber à terre sain et sauf, et s'enfuir, grâce à l'étonnement que causerait sa chute. Cette pensée avait traversé son esprit, et il l'avait exécutée, en moins de temps que ne dure un éclair. Malheureusement pour lui, sa chemise s'accrocha à un gros clou enfoncé au deuxième étage et le tint ainsi suspendu. Il entendait toujours crier; il sentait à quelques pieds au-dessous de lui la foule menaçante, il perdit complètement la tête et se débattit avec rage. La chemise céda, et vainement de ses mains étendues Capitaine chercha un point d'appui. Il tomba sur le pavé, mais non pas mort. Il avait le crâne ouvert, les deux jambes et une épaule brisées.

Au même instant Minette rentrait de la répétition. Elle se glissa dans la foule. D'un coup d'œil elle vit sa mère morte dont la tête échevelée pendait à la fenêtre, et son père gisant à ses pieds. Elle se dressa en arrière, étendit les mains, et tomba sur le pavé inanimée, blanche elle aussi comme un cadavre, à côté du corps de Capitaine.

Ce fut seulement huit jours après que Minette, couchée dans un lit blanc à l'hôpital Saint-Louis, s'éveilla de son délire. Une bonne religieuse, la sœur Sainte-Thérèse, assise à son chevet, semblait épier ce moment, et se pencha vers elle avec sollicitude. Minette sentit en même temps une soif ardente et une horrible douleur dans sa tête, qu'assiégeaient à la fois tous ses souvenirs. Elle considérait avec étonnement la grande salle où elle était couchée, ce parquet ciré, ces nombreux lits aux rideaux blancs, ces bassins de cuivre, ces hautes fenêtres, ces infirmières allant et venant. La religieuse prit une mesure d'étain placée sur la table de nuit, remplit de tisane un gobelet et le tendit à Minette qui but avidement.

— Ah! s'écria-t-elle, où est ma mère?

Tout le sang qu'elle avait vu le jour du fatal événement passa devant ses yeux, et avant que sœur Sainte-Thérèse eût eu le temps de lui répondre, la fièvre et le délire l'avaient reprise. Elle fut encore pendant quinze jours entre la vie et la mort. Le médecin en chef la soignait avec un zèle extrême, quoiqu'il se fût aperçu dès le premier moment, que si la fièvre pardonnait, la maladie de poitrine ne pardonnerait pas. Enfin le mal céda, et on put enlever la glace que Minette avait sur la tête, jour et nuit. Peu à peu le sentiment lui revint; mais elle était si pâle qu'elle faisait peine à voir, si faible qu'elle pouvait à peine articuler une parole, et elle toussait sans relâche. On était alors en février, et après l'avoir sauvée de la maladie aiguë, le médecin déclarait qu'en supposant les chances les plus heureuses, Minette ne vivrait plus six mois plus tard. Aussi la bonne sœur qu'elle avait intéressée voyait-elle surtout non pas un corps à sauver, mais une âme. Toutes les paroles échappées au délire de Minette l'avaient non-seulement étonnée, mais alarmée. En effet, la jeune fille priait les fées de sauver son père et sa mère; elle se plaignait des sortiléges qui pesaient sur eux et qui les rendaient méchants; elle embrassait son talisman en invoquant Couturier et madame Paul! Sœur Sainte-Thérèse pensa d'abord que c'étaient là des paroles incohérentes, produites seulement par une folie passagère; mais en remarquant chez sa petite malade la persistance avec laquelle revenaient les mêmes idées exprimées de la même façon, elle se prit à craindre que Minette n'eût reçu aucune éducation religieuse, et se promit d'amener à Dieu, si elle le pouvait, cette pauvre brebis égarée.

Minette approchait assez de son rétablissement pour pouvoir supporter une émotion; mais le médecin avait recommandé avec une extrême sévérité de ne lui jamais faire savoir comment sa mère était morte, insistant sur ce point qu'une révélation pareille la tuerait à l'instant. La première fois qu'elle fit sa question habituelle, en demandant où étaient ses parents, la sœur la regarda avec une commisération profonde.

— Hélas, mon enfant, dit-elle, vous ne devez plus les revoir qu'au ciel!

— Au ciel! murmura Minette. Mais pourquoi ma mère était-elle ainsi étendue contre la fenêtre, les cheveux dénoués? Pourquoi mon père était-il couché dans la cour au milieu du verglas ? Pourquoi cette foule criait-elle ? Et qui les a conduits au ciel ; pourquoi y sont-ils montés sans moi ?

— Mon enfant, répondit la religieuse stupéfaite, Dieu nous y rappelle quand il lui plaît, et nous ne pouvons que nous soumettre à ses décrets.

— Dieu ! répéta Minette avec étonnement. Puis elle ajouta : Ah ! sans doute quelque mauvais sort les tourmente, mais si je pouvais voir ma chère fée Paul, elle les délivrerait, allez ! Et s'ils sont vraiment dans le ciel, elle m'y mènerait avec elle ! Oui, voyez-vous, quand même il faudrait traverser les forêts pleines de démons ! elle étendrait sa baguette, et elle rallumerait la lumière des étoiles ! Et lui, lui, madame, il la défendrait bien contre les enchanteurs ! Et puis, tenez, j'ai un talisman !

Et Minette, écartant sa chemise, montrait l'amulette qu'elle avait au cou. Puis, apercevant le chapelet de sœur Sainte-Thérèse, auquel pendait un crucifix de cuivre :

— Ah ! dit-elle, est-ce aussi un talisman que vous avez là ?

— Eh quoi, s'écria la sœur tout effrayée, ne connaissez-vous pas l'image du Sauveur, de celui qui est mort sur la croix pour racheter les péchés des hommes ?

Sœur Thérèse avec une piété fervente sut apitoyer sur le sort de la jeune fille qu'on avait déshéritée du pain de l'âme le vénérable aumônier de l'hôpital Saint-Louis. Il voulut parler à Minette qui se levait déjà, et commençait à pouvoir marcher hors de la salle. En quelques conversations d'une simplicité et d'une élévation angéliques, il essaya de lui faire entrevoir les mystères de la religion. Minette écoutait avec enthousiasme tous les récits de ce digne homme qui se sentait surpris de trouver dans une enfant idolâtre une âme toute chrétienne et pleine de vertus. Elle s'attendrissait partout avec le prêtre, son cœur agonisait au jardin des Olives, et elle pleurait avec les saintes femmes sur les pieds sanglants du Christ, mais, hélas ! jamais elle ne put concevoir la vérité des histoires divines, et cesser de les confondre avec les fictions de la poésie. La lumière avait pénétré dans son esprit sans en chasser les folles visions ; aussi celui qui voulait être son père spirituel attendait-il que ces ténèbres se fussent dissipées pour verser sur le front de Minette l'eau sainte du baptême. La jeune fille était devenue chère aux religieuses par son inaltérable douceur. Elle avait demandé les objets nécessaires pour broder, et pendant les deux mois qu'elle passa encore à l'hospice, elle acheva une nappe d'autel qui excitait l'admiration de ces pieuses filles.

Si leurs vœux et ceux de l'aumônier avaient pu être exaucés, Minette serait entrée dans une maison religieuse pour y passer le temps nécessaire à son éducation chrétienne. Mais comme Capitaine n'avait survécu que quelques heures à sa chute, le sort de Minette avait dû être immédiatement fixé. Le directeur de la Gaîté avait obtenu qu'elle restât au théâtre en vertu de l'engagement signé pour elle par sa mère, et, à défaut de tous parents on lui avait donné pour tuteur M. Lefèvre, le mari de la brodeuse qui demeurait dans la maison de la rue de la Tour. Lui et sa femme vinrent plusieurs fois voir Minette en lui apportant des friandises et des fleurs, et enfin, comme elle était tout à fait guérie de sa fièvre, M. Lefèvre, après avoir pris l'avis du médecin, se décida à emmener sa pupille. Sœur Sainte-Thérèse voulut expliquer à l'artisan qu'il ferait une œuvre méritoire en facilitant à la jeune fille les moyens de continuer à s'instruire des vérités religieuses, et de recevoir les sacrements. Mais aux premiers mots que lui répondit Lefèvre, elle comprit qu'elle devait renoncer à l'espoir de convaincre ce [brave homme, profondément voltairien. Minette aurait ressenti un cuisant chagrin en disant adieu aux bonnes sœurs, et en quittant la triste et grande maison où pour la première fois de sa vie elle avait trouvé le calme, si elle avait pu croire à la mort de ses parents, mais rien ne l'avait persuadée. Avant le jour où elle s'était évanouie sur le corps de son père, elle n'avait jamais vu la mort, et ce mot affreux n'avait aucune signification pour elle. Comme le seul livre qu'elle avait lu, comme les féeries dans lesquelles elle vivait au théâtre, les paroles du prêtre, qu'elle n'avait que vaguement comprises, lui avaient enseigné que toutes les épreuves sont passagères. Rien ne pouvait lui ôter de l'idée qu'elle reverrait ses parents, non pas tels qu'elle les avait laissés, mais redevenus bons et aimants, pareils enfin à ces personnages des drames qui dépouillent tout à coup les haillons du vice et de la misère pour apparaître souriants, étincelants de beauté et de jeunesse, et le cœur plein de joie.

— Mais, disait-elle au prêtre, ne m'assuriez-vous pas que ceux qui sont morts se relèveront pour goûter d'éternelles délices ? Eh bien ! si quelque bon génie a eu pitié d'eux, peut-être m'attendent-ils maintenant pour me faire partager leur bonheur ?

N'ayant pu comprendre ni la mort, ni la vie future, elle appliquait à notre vie terrestre toutes les diverses espérances de résurrection et d'existence purifiée qui nous donnent la force de supporter tous les maux. De même, elle prenait dans un sens purement matériel les saintes paroles qui nous montrent l'humilité et la résignation comme les plus puissantes de toutes les armes ; aussi avait-elle hâte de revoir madame Paul, de qui sa superstition faisait un véritable ange du ciel. Elle ne savait pas que pour porter le glaive à la main et la flamme au front, les âmes angéliques doivent avoir laissé à la terre leur dépouille mortelle. Elle croyait que sa bonne fée calmerait le feu qui lui brûlait la poitrine ; puis qu'elle la prendrait dans ses bras, et la porterait jusqu'au pays inconnu où l'attendaient les baisers de sa mère. Les nuages et les flots obéiraient, les rochers s'entr'ouvriraient pour laisser passer la belle enchanteresse. Et puis Minette rêvait aussi de le retrouver, *lui* à qui elle s'était donnée, en tout ce qu'elle connaissait d'elle-même, lui aux pieds de qui elle aurait voulu verser en une fois, comme le parfum d'un vase, tout le trésor de sa délicate jeunesse.

Sœur Sainte-Thérèse craignait beaucoup

pour elle l'impression que lui ferait la vue des vêtements de deuil, modestes, mais très-convenables qu'on lui avait apportés. Elle n'avait voulu les lui montrer qu'au dernier moment, mais, ce moment venu, il fallait bien que Minette les mît pour sortir. Quoi que la bonne sœur eût supposé, les paroles de l'enfant furent bien autrement navrantes.

— Oh! la belle robe! c'est pour moi? s'écria-t-elle avec admiration. La pauvre petite ne savait pas ce que c'est que de porter le deuil; jusqu'alors on l'avait affublée de si misérables haillons que la vue d'une robe de mérinos noir, d'un col et d'un bonnet en crêpe noir, ne l'attristait pas! Elle ne s'était pas figuré qu'elle ne posséderait jamais, en dehors du théâtre bien entendu, une aussi riche toilette! Elle embrassa mille fois sœur Sainte-Thérèse en lui disant adieu, et celle-ci lui donna un petit crucifix de cuivre pareil à celui qu'elle portait elle-même à son chapelet.

— O ma chère fille, lui dit-elle en la serrant dans ses bras, et en lui tendant l'image du Christ, voilà le véritable talisman, le seul qui guérisse toutes les angoisses !

Une dernière fois encore, Minette tendit son front à la bonne sœur, et elle partit avec M. Lefèvre. Une demi-heure après, elle était de retour dans la maison où s'était écoulée sa triste enfance. Elle eut un serrement de cœur devant la porte du logement qu'elle avait habité avec ses parents, et demanda à M. Lefèvre la permission d'y entrer pour revoir les objets au milieu desquels elle avait vécu.

— Ma pauvre enfant, lui dit l'ouvrier, j'y consentirais bien volontiers mais aucun de ces objets-là n'existe plus, pour toi du moins. A la mort de tes parents, il a fallu vendre leurs meubles pour payer les dettes qu'ils avaient laissées.

— Ah ! dit Minette avec l'accent d'un vif regret.

— Ma foi, oui, continua Lefèvre, on a mis un écriteau, et le logement a été loué tout de suite ; tiens, à un acteur de ton théâtre, je crois, un chauve, pas jeune !

Certes, lors même qu'une fatalité invincible ne l'eût pas poussée à suivre sa destinée, Minette n'aurait pas reconnu à ce portrait, exact pourtant, *le beau Couturier*, l'idole de sa secrète passion.

— Ainsi, reprit-elle avec un air de doute, c'est bien vrai... mes parents sont morts? C'est-à-dire, n'est-ce pas, que je ne les reverrai jamais ?

— Hélas! dit Lefèvre, tu n'as plus d'autre famille que nous, ni d'autre maison que la nôtre. Mais viens, ma femme t'attend.

Ils montèrent les quelques marches et entrèrent. Madame Lefèvre vint au-devant de Minette, qui fondit en pleurs, car en voyant sa maîtresse d'apprentissage, elle retrouva mille souvenirs de son enfance et de sa mère. La brodeuse fit à Minette un excellent accueil et lui montra toute la bienveillance possible. Son mari avait tellement insisté auprès d'elle et auprès des ouvrières sur les recommandations du médecin, qu'il ne fut fait de près ni de loin aucune allusion à l'événement tragique par lequel avait péri Adolphina.

Madame Lefèvre était d'ailleurs une très-bonne femme, n'ayant qu'un seul défaut, celui d'aimer l'argent avec idolâtrie. Et encore cette passion était-elle excusable chez elle, car elle avait deux fils pour lesquels elle rêvait un bel avenir : aussi comprenait-on la rapacité avec laquelle elle essayait d'entasser un trésor sou à sou.

— Ma petite, dit-elle à Minette, ici tu ne rouleras pas sur l'or, mais du moins tu ne seras ni injuriée ni battue. Tu auras pour te nipper tes petits appointements du théâtre, dont tu disposeras à ta guise. En attendant, voici un peu d'argent qui te revient sur la vente. Tu es si habile ouvrière que ton travail chez nous suffira à ton entretien et à ta nourriture ; mais, dame ! il faudra piocher ferme.

Le logement, situé au quatrième étage, était trop exigu pour qu'il fût possible d'y coucher une personne de plus. Lefèvre avait donc loué au-dessus, au cinquième, une toute petite mansarde dans laquelle il avait mis un lit de fer et une petite commode antique. Madame Lefèvre prit Minette par la main, et la mena voir cette chambre qui devait être la sienne, puis elle lui donna la liberté d'aller au théâtre. C'était justement l'heure de la répétition. Minette entra au foyer, où l'on s'empressa autour d'elle avec tout le respect inspiré par son malheur. Son premier regard tomba sur Couturier, un nuage passa devant ses yeux, et elle s'évanouit presque. Madame Paul la prit sur ses genoux, et la réchauffa à force de baisers.

— Ah! chère Paul, dit la jeune fille, n'est-ce pas que je reverrai ma mère? N'est-ce pas que tu me conduiras vers elle?

— Oui, oui, mon enfant, répondit l'actrice.

— Bientôt, n'est-ce pas, tu me le promets?

— Oui, bientôt, je te le jure.

En prononçant ces derniers mots, madame Paul pouvait à peine cacher l'émotion qui faisait trembler sa voix. Car elle venait de regarder Minette, si pâle et de nouveau si amaigrie, et elle se disait que bientôt en effet la pauvre enfant serait près de sa mère.

Le directeur vint aussi parler affectueusement à Minette.

— Ma chère petite, lui dit-il, tu auras au moins quinze jours de liberté, et je suis heureux que tu puisses les consacrer à ta douleur. Soigne-toi et repose-toi bien pendant ce peu de temps-là ! J'aurais voulu t'en laisser davantage, mais c'est impossible. Je donne une grande pièce pour laquelle tu m'es indispensable, et où tu joueras pour la première fois le rôle de jeune fille. Je veux que tu y sois charmante, et ta bonne amie que voilà m'a promis de t'aider de ses conseils. Tout en rougissant, Minette remercia de son mieux, et madame Paul qui n'avait plus affaire au théâtre voulut la reconduire elle-même. Elles sortirent donc sans que Couturier pût adresser un mot à Minette ; mais il avait vu l'évanouissement de la jeune fille causé par sa seule présence ; il étouffait de joie et d'orgueil. Il se mit à marcher avec agitation dans le foyer, en passant fiévreusement ses mains dans ses rares cheveux.

— Tiens, lui dit un de ses camarades,

qu'as-tu donc, *le beau Couturier?* Est-ce que tu médites un crime?

— Oh! dit l'amoureux, en souriant avec l'adorable fatuité qui avait fait sa gloire, je médite toujours un crime!

Il faisait un beau soleil, quoique l'air fût encore froid; on était au milieu d'avril. Madame Paul monta dans un fiacre avec Minette, et la conduisit au cimetière. Elle savait, elle, comment il fallait parler à cette enfant pour ne pas heurter les illusions qui la consolaient. Elle fit ce que le prêtre n'avait pas pu faire, elle fit comprendre à Minette, autant que cela était possible, l'idée de la mort et l'idée de l'âme. Elles étaient arrivées devant la croix de bois qui indiquait la tombe d'Adolphina.

— Ainsi, dit Minette, en répondant à madame Paul, et en montrant la terre à ses pieds avec un geste d'effroi, ma mère n'est pas là, n'est-ce pas?

— Non, dit l'actrice, mais puisque tu sais maintenant des prières, c'est ici que tu prieras pour elle. Mais, jamais seule! Nous y viendrons ensemble?

— Oui, répondit Minette.

Madame Paul bénit alors les circonstances qui avaient laissé cette jeune âme s'égarer dans un monde tout idéal, car, grâce à cette ignorance de tout, Minette qui avait si peu de temps à vivre, ne saurait jamais qu'elle était la fille d'un criminel. Elle s'agenouilla sur la terre humide, et fit une courte prière. Minette l'imita. Puis elles partirent, et, après avoir cordialement embrassé sa protégée, madame Paul la quitta seulement à la porte de madame Lefèvre.

— Cher trésor, dit-elle, puisque tu m'appelles ta bonne fée, ne m'oublie jamais quand tu auras du chagrin.

— Oh! murmura Minette, jamais! Quand je souffrirai trop, je me mettrai à genoux, et je t'appellerai, je suis bien sûr que tu sauras toujours venir à mon secours!

Et elle entra dans la maison, tandis que madame Paul lui envoyait pour dernière consolation son charmant sourire.

Et maintenant, avant d'écrire les dernières lignes de cette histoire (car le dénoûment en fut trop horrible pour ne pas devoir être raconté en quelques mots), j'ai besoin de rappeler au lecteur que c'est la réalité elle-même qui nous montre certaines existences vouées tout entières à une infortune imméritée et impitoyable. N'est-ce pas là l'irréfutable argument que Dieu nous donne pour preuve que tout ne finit pas à la tombe! Ce qu'avait souffert jusqu'alors la jeune fille, que je tâche de faire revivre, n'était rien auprès de ce qui lui restait à endurer, car elle devait mourir comme elle avait vécu, martyre.

Encore toute tremblante, pour ainsi dire, du coup qui avait failli la briser, troublée par les souvenirs qui abondaient dans sa tête brûlante, agitée par les mille idées confuses qui s'y pressaient au milieu des rêves et voulaient ouvrir leurs ailes encore captives, affaiblie par le mal qui la tuait, exaltée par l'amour tyrannique qui s'était emparé de tout son être, Minette s'était remise à sa vie laborieuse, et travaillait avec un acharnement qui aurait satisfait une maîtresse plus exigeante encore que madame Lefèvre. Pendant tout le jour, elle brodait avec cette activité fébrile qui endort la pensée, et, ne voulant songer à rien, elle s'absorbait dans cette tâche qui, heureusement, demandait assez d'application et d'attention délicate pour endormir son âme. Elle avait beau s'apercevoir que sa force la trahissait, car, à peine levée, elle sentait ses membres engourdis par la fatigue et luttait contre de dévorantes envies de sommeil, elle avait beau retirer de ses lèvres son mouchoir taché par de légers filets de sang, elle persistait, s'enivrant de la fatigue elle-même, jusqu'à ce que les feuillages et les fleurs de sa broderie arrivassent à l'affoler et à lui faire perdre le sentiment des choses extérieures. Ravie de cette application effrénée, madame Lefèvre se montrait très-bonne envers l'orpheline, car les intérêts d'argent sauvegardés, elle était au demeurant, comme je l'ai dit, la meilleure femme du monde. Pendant les repas tout le monde était affectueux pour Minette, et le soir on lui laissait la meilleure place près de la lampe. La journée finie, elle montait dans sa petite mansarde, engourdie par la lassitude, s'agenouillait devant son petit crucifix de cuivre en récitant les prières que l'aumônier de Saint-Louis lui avait apprises, et s'endormait de ce sommeil des malades que peuplent des songes accablants. C'est alors que tous les prestiges de la féerie apparaissaient devant elle en se mêlant d'une façon douloureuse à sa propre histoire, et chaque nuit le même rêve venait la jeter dans l'épouvante. Après avoir traversé mille embûches, après avoir échappé à la dent des lions et aux maléfices des génies cachés dans les noires forêts, après avoir atteint le rivage sauveur malgré la fureur des flots battus par la tempête, après être sortie vivante des flammes débordées, elle arrivait enfin dans une clairière sauvage où la pluie tombait à torrents, et où flamboyaient les éclairs. Là, son père était couché comme elle l'avait vu, sans mouvement. A côté de lui Adolphina, le visage sanglant, les cheveux épars, tournait vers Minette ses yeux éteints. Des monstres aux gueules enflammées, aux dents menaçantes, allaient s'élancer sur eux pour les déchirer. En vain Couturier, couvert d'une armure d'or, agitait son épée pour les mettre en fuite ; en vain madame Paul, accourue dans les airs sur une nuée étincelante, étendait sa main protectrice ; les parents de Minette ne pouvaient être sauvés que par elle, car elle seule possédait le talisman qui pouvait mettre en fuite les visions infernales.

Ce talisman, c'était l'amulette que lui avait donné madame Paul.

Mais au moment où elle voulait y porter la main, une femme que Minette revoyait chaque nuit avec les mêmes traits, se dressait devant elle, et la glaçant de frayeur, la forçait à rester immobile. Alors elle s'éveillait les yeux rouges, le gosier brûlant et comme étouffée. Même après qu'elle avait ouvert sa fenêtre, il se passait cinq ou six minutes avant qu'elle pût respirer avec liberté, et alors elle toussait si longtemps que parfois elle tombait inanimée sur le bord de sa couchette. La femme que Minette voyait ainsi était belle, mais de cette beauté cruelle et funèbre que nous attribuons aux divinités farouches. Sa haute taille, sa pâleur, ses yeux et ses cheveux noirs comme la nuit, ses lèvres menaçantes, ses mains et ses bras blancs comme un linge, la faisaient ressembler à ces magiciennnes qui composent leurs philtres aux mourantes clartés de la lune.

Quand Minette n'était pas obsédée par ce rêve, c'en étaient d'autres encore plus sinistres, dans lesquels cette ennemie inconnue la poursuivait toujours. Tantôt elle enfonçait un couteau dans la poitrine de la jeune fille, qui sentait le froid de l'acier; tantôt elle laissait échapper de sa main un serpent qui se glissait dans le sein de Minette et lui mordait le cœur. Minette torturait sa mémoire pour se rappeler quelle était la personne dont le spectre la tourmentait ainsi, et ses efforts restaient toujours inutiles, car en effet elle n'avait jamais vu cette femme. Mais quand le drame de leur vie se presse vers son dénoûment, les âmes exaltées reçoivent presque toujours le don de voir dans un avenir prochain, soudainement éclairé par des pressentiments funestes. Voici comment ceux de Minette se réalisèrent.

Elle quittait ses hôtes et remontait chez elle vers dix heures. Un soir d'orage, que le vent soufflait avec force, elle eut tellement peur dans sa chambre qu'elle eut envie de descendre chez madame Lefèvre; mais elle recula à l'idée de l'éveiller. N'osant pas non plus se coucher, elle se mit à travailler à une broderie commencée sans faire un mouvement et sans lever les yeux. Plus le temps s'écoulait, plus son malaise augmentait, car ses songes étaient devenus cette fois des hallucinations, qui la tourmentaient même dans la veille. Aussi s'aperçut-elle avec un véritable désespoir que sa bougie finissait, et qu'elle allait rester plongée dans l'obscurité. Elle résolut alors de descendre dans la rue, quoiqu'il fût près de minuit, pour acheter elle-même d'autres bougies, et elle y courut avec le courage fiévreux que donne pour un instant l'excessive frayeur.

Comme elle remontait l'escalier, en passant sur le carré du troisième étage, une habitude invincible lui fit tourner les yeux vers la porte du logement qu'elle avait habité avec ses parents. Il y avait de la lumière dans ce logement, dont la porte était entr'ouverte, et Minette aperçut, à l'entrée de la première pièce, Couturier, qui l'appelait par un geste silencieux. Sans plus réfléchir que l'oiseau fasciné, elle courut vers son amant. La lumière était déjà éteinte. La porte se referma, Minette, enlacée par les bras de Couturier, retrouva l'impression poignante que lui avait causée, au théâtre, le premier baiser qu'elle avait reçu et dont elle avait failli mourir.

Elle s'était donnée comme se donne une vierge amoureuse, sans calcul, sans regret, sans lutte possible. Pendant les premiers jours de cette liaison, il lui semblait qu'elle venait de naître, tant elle était heureuse ! Quelques instants avant l'heure où Couturier rentrait du théâtre, elle descendait chez lui en retenant son souffle. Les minutes lui semblaient des siècles ; elle se jetait au cou de son amant comme s'il lui eût apporté la vie, et il lui jouait si bien la comédie de la passion qu'elle se croyait adorée. Mais, qui ne le devine ? bientôt Minette subit le sort des pauvres créatures liées à des hommes sans cœur ; elle ne fut plus qu'une victime et un jouet dédaigné. Elle retrouva avec horreur l'image de son père dans le misérable toujours ivre et furieux qu'elle ne pouvait s'empêcher d'aimer. Presque toujours elle remontait chez elle le matin glacée et mourante, les yeux perdus, après avoir attendu inutilement toute la nuit Couturier, qui n'était pas rentré. Il ne la voyait plus que pendant quelques instants, à de rares intervalles, pour la brutaliser et lui voler le peu d'argent qu'elle possédait. Il lui avoua même cyniquement qu'il avait un autre amour, et poussa la cruauté jusqu'à se faire parer par Minette elle-même, quand il allait voir la femme pour qui il l'avait abandonnée. Madame Lefèvre ne tarda pas à s'apercevoir de l'intelligence de sa pupille avec Couturier; mais, poussée par son avarice, qui l'engageait à ne pas perdre sa meilleure ouvrière, elle ne dit rien. Seulement, elle manifesta dès lors à Minette autant de haine qu'elle lui avait montré jusque-là d'amitié, et l'accabla de travail, sans vouloir remarquer l'épuisement de ses forces. Arrivée à la suprême sérénité du désespoir, Minette, qui crachait le sang et sentait son courage s'évanouir tout à fait, s'élançait en idée vers la région où elle devait retrouver sa mère, et ne vivait plus que par ces aspirations ardentes.

C'est alors qu'elle reçut, avec un petit mot aimable du directeur de la Gaîté, un bulletin de répétition pour la pièce nouvelle. L'ouvrage était prêt, car il avait été monté et mis en scène pendant que Minette était à l'hôpital. On devait reprendre les répétitions pendant une huitaine de jours seulement, tant pour elle que pour une actrice nouvellement engagée, nommée Bambinelli. Cette Italienne arrivait de Marseille, précédée d'une grande réputation à plus d'un titre, car elle s'était enfuie de Milan quelques années plus tôt, sous l'accusation d'avoir empoisonné un officier autrichien. Lorsqu'en la voyant, Minette reconnut la menaçante beauté qui avait si cruellement désolé ses rêves, elle comprit qu'il allait se passer dans sa vie quelque chose de terrible, car la Bambinelli était la nouvelle maîtresse de Couturier. Aux regards pleins de haine que cette femme lui jeta d'abord, la jeune fille se sentit perdue. Elle jouait le rôle de l'héroïne dont la destinée se débattait entre la bonne et la mauvaise fée, madame Paul et la Bambinelli ! Celle-ci, qui semblait avoir eu Minette pour rivale, car Couturier avait habilement fait valoir son prétendu sacrifice, la traitait avec le dédain le plus insultant, et semblait lui adresser réellement les menaces et les injures que contenait son rôle. Parfois ses regards et ses gestes causaient à Minette un tel malaise, qu'elle fondait en larmes, et se jetait dans les bras de son amie, qui seule avait le don de la consoler.

Il y avait dans la nouvelle féerie un *vol* assez dangereux ; on imposait alors aux actrices des petits théâtres ces exercices périlleux, que les danseuses et les mimes exécutent seuls aujourd'hui. Cette fois encore, Minette devait traverser le théâtre à une très-grande hauteur, suspendue par des fils de fer. Chaque fois que cela fut essayé, elle ressentit malgré elle un effroi inconnu, car il lui semblait que les yeux de son ennemie l'attiraient en bas, et devaient la précipiter. Mais la présence de madame Paul la rassurait. Pourtant, le jour de la représentation arrivé (après une belle journée de mai), le cœur lui manqua à ce moment. Elle ne put trouver madame Paul, qui était malheureusement occupée à un changement de costume, et se vit dédaigneusement toisée par Couturier qui passait dans les coulisses. Elle alla à lui.

— Je t'en supplie, embrasse-moi, lui dit-elle en lui prenant la main dans ses petites mains, et avec une expression qui eût fait pleurer les anges.

Comme le machiniste Simon venait accrocher les fils de fer à la ceinture de cuir cachée sous sa robe, Minette crut voir un regard affreux échangé entre lui et la Bambinelli. Involontairement, elle ferma les yeux en entendant la réplique qui précédait son apparition aérienne. Il se fit un bruit épouvantable, et il sembla à tous les spectateurs que pendant une seconde il avait fait nuit dans la salle. Les anciens habitués du boulevard se rappellent encore ce sinistre événement, arrivé en 1829, et l'horreur qu'il excita. Les fils de fer s'étaient rompus ; Minette était brisée, morte sur les planches. Le sort de cette Psychée inconnue ne fut-il pas celui de la Poésie ignorante d'elle-même, toujours assassinée par les violences brutales de la vie ?

LE
FESTIN DES TITANS

SCÈNE DE LA VIE TRANSCENDANTE

Ce jour-là, lord Angel Sidney avait le spleen un peu plus que de coutume lorsqu'il passa de sa chambre à coucher dans son boudoir.

C'était pitié de voir ce jeune homme beau comme un demi-dieu et triste comme un chérubin vaincu. L'implacable société éteignait les flammes de ses yeux et les roses de ses lèvres, et à travers les manchettes de mousseline, ses mains plus pâles que le marbre se penchaient comme des lys brisés.

— O ciel! murmura-t-il avec un soupir, c'en est donc fait, je m'ennuie à jamais! j'ai là, de l'autre côté de la mer, de vertes prairies plus immenses que des océans et assez de châteaux pour donner pendant cent ans l'hospitalité à tous les rois de l'univers. De tous les coins du monde, cent navires m'apportent le duvet de l'eider, l'ivoire de l'Inde et la pourpre de Kashmir, et mes flottes couvrent toutes les vagues de la mer. Mais le coin de prairie où sourit l'amour, le flot qui apporte le bonheur et l'oubli, je ne les connais pas!

Dites-moi, pâles Euménides, sombres compagnes de Macbeth et d'Oreste, que me reste-t-il à faire pour passer le temps? Il me semble pourtant que je n'ai rien oublié. J'ai fait courir sur tous les turfs de France et d'Angleterre mille chevaux nés sans doute d'une flamme et d'une brise, car ils dévoraient l'espace comme des aigles. J'ai été l'amant de six reines occultes de Paris, depuis celle qui porte un nom de bête fauve, jusqu'à celle qui s'appelle comme la dame de cœur, depuis celle qui a un lavabo en argent massif, sculpté et doré, jusqu'à celle qui joue le vaudeville avec cent mille francs de diamants sur la tête, et je m'ennuie !..

Il faut cependant prendre un parti. Vais-je sonner mon valet ou ma maîtresse athénienne ? mon valet plutôt.

A peine la sonnette, éveillée en sursaut, avait chanté sa note d'argent; M. Tobie entra.

— M. Tobie, dit Angel, vous qui avez des cheveux blancs, ne savez-vous rien pour chasser l'ennui qui m'obsède ?

— Mylord, répondit avec respect le vieux serviteur, il n'y a que Dieu et les poëtes.

— M. Tobie, votre phrase est prétentieuse, faites-moi le plaisir d'ouvrir cette fenêtre et de me nommer les gens qui passent. Peut-être verrai-je le passant de Fantasio, celui qui a un si bel habit bleu ! Et d'abord, dites-moi quel est ce petit vieillard en carrick noisette, qui porte à la main un parapluie rouge ?

— Mylord, ce Monsieur est membre de l'Académie française, célèbre autrefois par quelques tragédies.

— Et celui qui porte le parapluie vert ?

— C'est un membre de l'Académie des sciences morales et politiques.

— Et celui dont le parapluie est marron?

— C'est un membre de la Commission des auteurs dramatiques.

— Et ces deux gros Messieurs bien vêtus qui passent en calèche avec des dames?

— L'un est le tailleur de mylord avec une actrice des Délassements, et l'autre le bottier de mylord avec une actrice des Folies-Nouvelles.

Lord Angel ferma sa fenêtre avec colère :

— Eh quoi! s'écria-t-il, est-ce donc à ce point là qu'il n'y a rien de nouveau sous le soleil, et quand on ouvre la fenêtre par un jour de pluie est-il donc absolument impossible de voir passer autre chose que des dramatistes, des bottiers et des membres de l'Institut! Monsieur Tobie, d'ici à huit jours, je veux donner un grand festin, un festin magnifique comme quand Lucullus dîna chez Lucullus! Il me faut, dussiez-vous égorger madame Chevet, des fruits de l'Inde et de la Guadeloupe. Il me faut un surtout d'or ciselé par Barye, et des bougies à travers lesquelles on puisse regarder à la loupe une miniature d'Isabey. Vous vous arrangerez pour qu'il y ait sur les miroirs et sur les vitres des fleurs peintes par Diaz. Et pour ce jour-là, entendez-vous, Monsieur Tobie, vous me trouverez, fut-ce en Chine, des convives qui ne soient ni tailleurs, ni auteurs comiques, ni membres de l'Académie française !

Je veux six gaillards au moins! cherchez-les où vous voudrez, exerçant des professions dont je n'aie jamais entendu parler sous aucun prétexte. Si je connais un seul des états que font ces gens-là, ne comptez plus sur mon amitié.

M. Tobie ne répliqua pas. Il savait que les ordres de son maître étaient absolus comme ceux du destin. Il se contenta d'aller relire l'*Iliade* et le *Mariage de Figaro* pour se donner de l'imagination; car il sentait bien que, cette fois, il fallait vaincre ou mourir.

Mais, M. Tobie ne mourut pas. On ne meurt jamais quand on remue à pleines mains l'or, qui contient l'essence de la vie.

A quinze jours de là, une des salles à manger de lord Angel Sidney étincelait de lumière, de fleurs, de cristaux, d'orfévreries et de tout ce qui donne aux richesses du luxe leurs éblouissantes clartés.

Cette salle à manger tout entière en vieux chêne, les étoffes en cachemire vert, représentait, avec d'ingénieux arrangements de bas-reliefs, de cariatides et de figures en ronde bosse, la guerre des Titans. Les deux immenses cheminées, bien reliées à l'ornementation générale, figuraient les gouffres implacables de l'Etna et luttaient de flammes ardentes et flamboyantes.

Un magnifique groupe de géants vaincus et terrassés soutenait le plateau de la table à manger; de telle façon qu'il y avait pour cent mille francs de sculptures à l'endroit où les Anglais passent habituellement l'après-dînée. Les siéges et les consoles étaient à l'avenant, et dans chaque embrasure de croisée, il y avait, enfermé dans d'épais rideaux, le mobilier doré d'un petit salon de conversation.

Du reste, rien ne manquait à la fête, et M. Tobie avait suivi le programme en décorateur consciencieux. Sur les vitres, des potées de fleurs tombées de la palette de Diaz, éteignaient les vraies fleurs des jardinières et faisaient paraître gris les coquelicots réels. Le portrait en pied et en miniature d'une mouche, avait été payé dix mille francs à madame de Mirbel, et collé la face contre une bougie. Vue au travers de la bougie, cette mouche semblait si bien vivante que plusieurs fois les convives voulurent la chasser pendant le mémorable repas que je vais raconter. Isabey ne faisait plus de miniature, M. Tobie avait dû se contenter de cet à peu près.

Mais je ne m'arrêterai pas à raconter les magnificences du festin, des bagatelles qu'on a déjà redites mille fois à propos de Trimalcion et des empereurs romains. Il s'agit des convives que Callot seul eût décrits et encore pas avec une plume ! Ils étaient sept, cinq hommes et deux femmes, attendant dans un petit salon tendu de soie et éclairé par des lampes ! Lord Angel ayant dit : six au moins, M. Tobie en avait mis sept, car il avait dans l'esprit cette admirable logique de Cadet-Roussel, raillé à tort par le chansonnier. Et encore, je ne compte pas un enfant de dix-huit ans, beau comme l'Amour, qui semblait fourvoyé dans cette société étrange, car Dieu sait comment ces messieurs portaient l'habillement noir, complet, que M. Tobie leur avait fait faire chez Dusautoy ! Quant aux deux femmes, elles étaient mises comme la mode elle-même, les jours où la mode a du goût. Cette antithèse vient simplement de ce qu'un homme de génie se met toujours mal et une femme de génie toujours bien. Or, comme on va le voir, tous les hôtes de lord Angel avaient du génie à revendre, et ils en revendaient.

Lord Angel Sidney, en grande toilette, avec les plaques de tous ses ordres, entra dans le petit salon, précédé de M. Tobie qui lui présenta les convives en les prenant l'un après l'autre par la main. Après avoir baisé la main aux dames et salué les messieurs comme des pairs d'Angleterre, lord Angel invita tout le monde à passer dans la salle à manger, où les cinq hommes, pareils à des tigres déchaînés, dévorèrent, en une heure, le dîner de vingt ministres. C'était un spectacle inouï de voir étinceler ces mâchoires qui semblaient décidées à engloutir l'univers et qui s'agitaient comme si jamais auparavant elles n'eussent rien broyé entre leurs dents terribles.

Quant aux deux dames elles mangèrent raisonnablement, en femmes qui, à la vérité, n'ont pas lu Byron, mais qui, toutefois, ont fondu deçà et delà dans leurs verres quelques perles de Cléopâtre. Le jeune homme de dix-huit ans ne mangea, lui, qu'un ortolan et une demi orange de la Chine, et certes, s'il cherchait un moyen de se faire remarquer, il tomba on ne peut mieux, car le moins affamé des autres convives semblait affecter de prendre les faisans dorés pour des mauviettes et les avalait par douzaines. Un autre qui venait de faire disparaître, en se jouant, deux pâtés de foie gras, tirait un valet par sa boutonnière en lui disant : « Monsieur, ayez donc l'obligeance de me rapporter quelques-uns de ces petits fours! » Et son voisin, tout en achevant sans emphase un demi chevreuil, murmurait avec bonhomie : « Je reprendrais volontiers un peu de ce lapin ! » Enfin, c'était horrible à voir. Et quant aux vins qui furent bus avant que la conversation s'engageât, je mettrais les sables de la Nubie au défi d'en boire autant sans se changer en lacs !

Lord Angel semblait trouver cela fort naturel, et faisait les honneurs de sa table avec une grâce parfaite. Quand le carnage commença à se ralentir un peu, non pas faute de combattants ni faute d'appétit, mais parce que quelques-uns des combattants s'étaient décroché la mâchoire, l'amphitryon s'adressa à ses hôtes avec un sourire d'une aménité exquise :

— Mesdames et Messieurs, leur dit-il, vous le savez comme moi, ce qui a tué les beaux arts et l'élégance dans notre société moderne, c'est le commun et le *poncif* qui, de jour en jour, nous envahissent davantage. De plus, tous les jeunes gens se jettent dans les mêmes professions, avocat, médecin ou économiste, avec une carrière politique au bout, et tout est dit! De là, ces générations entières taillées sur le même patron et qui semblent porter un uniforme. Riche comme je le suis, j'ai pensé qu'il me serait peut-être possible de rendre à mon époque un peu d'originalité en encourageant les *professions excentriques*, et naturellement, Messieurs, j'ai cru pouvoir jeter les yeux sur vous, car je crois que personne ici n'est avocat ni médecin?

— Personne, s'écrièrent en chœur les convives.

— Messieurs, reprit vivement lord Sidney, vous êtes artistes en fait d'existence, comme d'autres sont artistes en mélodie, en statuaire ou en ciselure, vous ne devez pas refuser plus qu'eux les encouragements de la richesse; car, vous le savez, en se donnant humblement aux artistes, la richesse reste l'obligée et la servante des arts, et ne fait qu'accomplir un devoir de reconnaissance! J'espère donc que vous ne refuserez pas un prix de dix mille francs.

— Nous ne le refuserons pas, dirent avec un enthousiasme unanime les Messieurs en habit noir.

Lord Sidney reprit :

— Un prix de dix mille francs... de rente, que je désire offrir à celui d'entre vous qui exerce la profession la plus excentrique ! Pour ce faire, vous auriez l'extrême obligeance de raconter, chacun en peu de mots, quelle est votre vie.

— Parfait, s'écria un personnage énorme, écarlate et souriant, un Roger-Bontemps taillé sur le modèle de sir Falstaff. De cette façon-là, chacun dira la sienne !

— Précisément, dit lord Angel, et, continua-t-il avec un salut charmant, comme je ne veux rien vous demander que je ne sois moi-même disposé à faire pour vous, je vous raconterai, si cela peut être agréable à ces dames, mon histoire et l'histoire de mes moyens d'existence.

— Mylord, interrompit un personnage auquel, par une bizarre erreur, la nature s'était plu à donner le nez historique des Bourbons, vous nous faites honneur !

— Je vous en prie, dit une des dames en se tournant gracieusement vers lord Sidney.

— Mon Dieu, fit-il en souriant tristement, mon histoire est bien simple, je suis né de parents riches.

— Vous êtes bien heureux ! fit un des convives, jeune homme au teint hâlé, mais dont les formes élégantes et sveltes faisaient songer aux Silvandres de Watteau.

— Comment l'entendez-vous, demanda d'une voix forte un athlète couvert de balafres comme un vieux reître du temps de la Ligue.

— Hélas ! Messieurs, reprit lord Sidney, il n'y a aucune manière de l'entendre, car c'est cette circonstance qui a fait le malheur de toute ma vie ! Forçat de la richesse, j'ai dépensé sans relâche dans ma vie, plus de ruse, d'énergie, de patience, d'imagination, d'intrigue, de volonté et d'esprit pour devenir pauvre que les célèbres bohêmes d'Henry Murger n'en mirent jamais à gagner, entre cinq et six heures du soir, ce qu'ils appellent la grande bataille. Et encore, ces hommes prodigieux parvenaient quelquefois à dîner, tandis que moi je n'ai jamais pu arriver un seul jour à la médiocrité dorée dont parle Horace. J'ai toujours été ridiculement riche.

— Bah! demanda Roger-Bontemps en éclatant de rire, est-ce que vraiment vous trouvez cela ridicule?

— Très-ridicule. Il m'a toujours semblé absurde qu'un homme possédât dix mille fois plus qu'il ne peut dépenser, même en faisant à chaque seconde de sa vie des folies à faire frissonner d'étonnement l'ombre d'Héliogabale. Aussi du jour où je me connus, ç'a été un duel à mort entre moi et la fortune, et c'est elle qui m'a tué, car sachez-le, je voulais être artiste! Oh! la fortune, elle m'a pris à bras le corps, elle m'a desséché les lèvres sous ses froids baisers, elle m'a fait des yeux couleur d'or, et un horizon d'or qui m'empêche de voir le soleil. Pour moi, grand Dieu! tous les fleuves sont le Pactole, ils roulent des paillettes d'or dans leurs vagues étincelantes. Pour moi, la musique c'est le chant de l'or, la lumière, c'est le reflet de l'or! L'or me poursuit comme un ennemi implacable; j'ai, comme le Juif-Errant, mes cinq sous; seulement mes cinq sous c'est cinquante millions. Je jette la richesse dans la rivière, et, en me retournant, je la trouve couchée dans mon lit; je la fuis au bout du monde, elle est là qui ricane dans mon portefeuille. Qui diable a donc osé dire qu'il y a des moyens de se ruiner?

— Ah! dit la plus âgée des deux femmes, mylord n'a sans doute pas essayé des femmes?

— Ou, continua l'autre, mylord n'aura pas rencontré de ces vraies grandes femmes, comprenant l'héroïsme de la vie moderne, auprès desquelles Sémiramis et Cléopâtre sont de petites pensionnaires à ceintures bleues, bonnes tout au plus à faire l'amour sentimental avec Werther, en mangeant des tartines de confitures. Moi je connais une femme qui, à quatorze ans, a pris dans le monde, dans le grand monde, un homme de génie, riche, audacieux et bon, et qui, en six mois, l'a envoyé au bagne.

Ces paroles mutines furent prononcées d'une façon si magistrale et si farouche que lord Sidney ne put s'empêcher de regarder avec une vive curiosité la belle enfant qui les avait dites.

C'était une jeune fille de seize ans, rousse comme un coucher de soleil, avec la peau très-blanche, les sourcils presque bruns et les yeux d'un bleu sombre et étoilé comme les cieux des belles nuits d'été. La bouche fine, ardente, pareille à une rose rouge trempée de pluie, laissait voir en s'ouvrant une de ces belles mâchoires de bête fauve que la nature donne aux femmes nées pour déchirer et dévorer les forces vives de la cité, l'or, l'amour et la vie. Tout cet ensemble imprégné pour ainsi dire d'une volupté amère, le corps agile, les mains et les pieds d'un grand style plébéien, inspirait un effroi plein de charmes et de convoitise. Aussi, mademoiselle Régine ne déparait-elle rien dans la salle des Titans sculptés et, vue d'une certaine façon, elle avait assez l'air d'une femme pour laquelle on met Pélion sur Ossa.

L'autre femme ressemblait à toutes les actrices qui ont joué en province les rôles de mademoiselle Georges.

— Mesdames, leur dit Sidney, sachez d'abord que le destin a été pour moi un second M. Scribe; il a abusé pour moi des oncles. Le frère de mon père et les deux frères de ma mère, riches tous trois et chefs de nombreuses familles, sont morts tous trois dans l'Inde, après avoir vu tomber un à un tous leurs fils victimes du choléra, des inflammations et des bêtes féroces, Indiens et serpents, comme si, dès ma plus tendre jeunesse, une monstrueuse fatalité se fût donnée la tâche de tout renverser sur mon passage pour me jeter des trésors inutiles.

Ces fortunes, que la faiblesse de mon père m'avait abandonnées dès l'enfance, je les avais dévorées à vingt ans avec tous les débauchés de Londres, sans qu'il m'en fût resté autre chose, à ma connaissance, qu'un petit mouchoir de cou en cotonnade bleue et un portrait de femme peint par Eugène Delacroix.

Trois mois après, la mort de mon père me rendait maître d'un patrimoine inépuisable, je l'épuisai pourtant, ou peu s'en fallut. Mes châteaux de comtés, grands comme des villes, mes maisons, mes palais, mes jardins, mes serres où de folles courtisanes se promenaient dans les moindres allées en calèches à six chevaux, je donnai tout au vice, au luxe, à la luxure, au jeu, que je défiais avec la fureur d'un combattant vainqueur sans cesse !

Quand il ne me resta plus qu'un million, je le jetai à l'industrie tant qu'elle voulut et comme elle voulut. Canaux, chemins de fer, constructions de squares et de fabriques, je m'intéressai à tout, et je me mis à vivre dans une chambre comme un étudiant, après avoir confié mon million à l'industrie dans l'espoir qu'elle ne me rendrait rien. Elle me rendit cinquante millions !

Je ne me décourageai pourtant pas. L'industrie m'avait trompée, c'est alors que j'essayai des femmes, continua lord Sidney en se tournant vers Régine. Pour aller droit au but, je m'adressai tout de suite à la femme qui dans toute l'Europe coûtait le plus cher, et je la couvris littéralement de diamants.

Devenue par l'étrange folie d'un vieillard, femme d'un duc et pair d'Angleterre, cette femme célèbre suivit son mari à Constantinople : deux jours après son départ, je reçus mes diamants changés en un bouquet colossal par un artiste plus grand que le Florentin Cellini. Les diamants sont d'un grand prix ; mais aucun roi de l'Europe ne pourrait en payer la monture.

— Ah! mylord, dit Régine, vous êtes le premier homme qui m'inspiriez de la curiosité.

Lord Sidney salua modestement.

— Je ne vous rappellerai pas, reprit-il, l'épisode trop connu de mes amours avec la fille naturelle d'un roi que j'ai aimée jusqu'au désespoir, et qui est morte à vingt-deux ans d'un anévrisme, en me faisant l'héritier de tous ses biens. Je me bornerai à vous dire, pour terminer ce trop long récit, qu'une dernière fois, en désespoir de cause, j'éparpillai mon absurde opulence sur les navires de tous les armateurs anglais, avec mission de la risquer dans les entreprises les plus téméraires et sur les mers les plus périlleuses.

Mais la mer ne voulut pas de mes chaînes; elle me les rendit plus lourdes que jamais. A présent mon parti est pris; je suis résigné à l'impuissance et à l'ennui.

A la fin de cette histoire, que les convives n'avaient pas osé interrompre autrement que pour boire comme des Cordeliers, un éclat de rire homérique ébranla la salle des Titans. Roger-Bontemps tapait son couteau sur son assiette en ouvrant jusqu'aux oreilles une bouche démesurée, Silvandre gambadait et le balafré brisait son fauteuil.

Le personnage au nez bourbonnien échangeait des bourrades avec son voisin, sorte de rapin ayant un faux air de Rubens. Tous deux se donnaient des coups de poing et se tiraient les cheveux.

Mademoiselle Régine extasiée rêvait au bouquet de pierreries, et le jeune homme de dix-huit ans rêvait en regardant mademoiselle Régine avec des cœurs enflammés dans les yeux.

— Maintenant, dit lord Sidney, je vous écoute, messieurs.

Tobie apporta sur le surtout deux plats d'or, contenant l'un une inscription de dix mille francs de rente, l'autre deux cents billets de mille francs.

— De cette façon, mylord, dit le vieux serviteur, le lauréat pourra choisir.

— Allons, s'écria Roger-Bontemps en couvant de l'œil les plats merveilleux, chaud! chaud! chacun la sienne!

— Et, reprit M. Tobie, j'ose faire espérer à votre grâce que cela ira de plus fort en plus fort, comme chez Nicolet!

Le vin dans les verres, les flammes des bougies, la lumière sur les angles du chêne sculpté étincelèrent.

Roger-Bontemps commença en ces termes:

— Vous voyez en moi *l'Employé aux yeux de bouillon!*

A ces mots prodigieux, les convives bondirent tous à la fois sur leurs chaises, et les apostrophes les plus hétéroclites se croisèrent, lancées à la fois de tous les coins de la table.

— Mesdames et messieurs, dit Roger-Bontemps, je demande à n'être pas interrompu. Ceci n'est pas une conversation, mais un concours!

— C'est juste, s'écria le faux Rubens, n'oublions pas qu'il ne s'agit pas de cinquante centimes.

— Accordé, dit lord Sidney, chacun parlera sans interruption, et souvenez-vous que pour une heure nous nous sommes constitués en ministère des beaux-arts... inconnus!

Roger-Bontemps reprit : — Enfant, je n'ai jamais mangé. Manger, voilà la grande affaire! Il y a deux races d'hommes; celle qui mange et celle qui ne mange pas. Les pauvres haïssent les riches parce que les riches mangent; les riches exècrent les pauvres parce que les pauvres voudraient manger. Je vis que tout était là, et que le sort de l'humanité s'agite autour des endroits où l'on fait la cuisine.

Dès lors, je me tins habituellement aux barrières, passant ma vie autour des cabarets et cherchant à me faufiler par quelque joint dans les choses culinaires. A force d'audace, j'usurpai quelques petites fonctions. Tour à tour chien au tournebroche, écorcheur de lapins et laveur de vaisselle, j'exerçais cette dernière profession au cabaret de la *Jambe-de-Bois*, et j'allais peut-être m'enfouir pour toute ma vie dans ces emplois subalternes, lorsque éclata entre la *Jambe-de-Bois* et le *Grand-Vainqueur* la rivalité à laquelle je dois ma fortune.

Le *Grand-Vainqueur* et la *Jambe-de-Bois* donnaient tous deux du bouillon à un sou la tasse, mais la *Jambe-de-Bois* avait pour elle la pratique des Auvergnats, et elle regardait en pitié le *Grand-Vainqueur*, réduit à attendre et à solliciter les consommateurs de hasard.

Un matin pourtant, tous les Auvergnats de la *Jambe-de-Bois* émigrèrent pour le *Grand-Vainqueur*. Quand mon maître leur en demanda, en pleurant, la raison, ils lui répondirent que son bouillon n'avait pas d'yeux, tandis que celui du *Grand-Vainqueur* en était inondé comme une queue de paon.

Messieurs, j'eus le courage de passer une nuit entière, caché dans une armoire de cuisine, au *Grand-Vainqueur*. Le lendemain, à l'heure où l'aurore profite de ce qu'elle a des doigts de rose pour ouvrir les portes de l'Orient, je surpris le secret de notre rival.

Le misérable fourrait ses doigts dans un vase plein d'huile de poisson et les secouait ensuite sur les bols de bouillon alignés sur la table. C'est ainsi qu'il y faisait des yeux! Les yeux étaient nombreux, je ne dis pas, mais quels yeux! comme c'était fait! Pas de goût, pas de grâce! ni vraisemblance, ni idéal! Dans le chemin du *Grand-Vainqueur* à la *Jambe-de-Bois*, mille idées jetèrent tour à tour leurs ombres sur mon front, mais enfin une création lumineuse éclaira tout à coup mon cerveau de ses flammes étincelantes.

La seringue était trouvée.

Tous les matins, armé de cette bienheureuse seringue, je vise les bouillons, et j'y exécute, la main levée, une mosaïque d'yeux à faire pâlir la nature.

Depuis, mon procédé a été surpris et imité; mais jamais on n'a pu atteindre ma facture. Je défie tout le monde pour la main et le métier. Mon patron m'a engagé pour six ans, à dix francs par mois, avec cinq sous de feux et deux bénéfices. Les jours de bénéfice, le prix de soixante bouillons est pour moi, car il est inutile de vous dire que dès le lendemain de mon invention, nous avions reconquis la pratique des Auvergnats.

Ainsi, maître d'une position faite, je brave désormais les destinées, car je suis d'un tempérament sage, je mets de l'argent de côté, et je ne commettrai pas la même faute que mademoiselle Mars et la célèbre Georges; je veux me retirer dans tout l'éclat de ma gloire.

L'employé aux yeux de bouillon se tut, au

milieu de l'étonnement général. Tout le monde se récria sur la singularité de cette profession, et les esprits inclinaient visiblement du côté de Roger-Bontemps, quand le faux Rubens prit la parole après avoir passé ses doigts dans ses cheveux et cassé une assiette pour s'emparer de l'attention générale.

— Messieurs, s'écria-t-il, vous voyez en moi le *vernisseur des pattes de dindon*.

Inutile de décrire ici la vive émotion des auditeurs. Le faux Rubens la domina pourtant en secouant encore une fois sa chevelure qui faisait la nuit dans la salle, et dit avec feu :

— Je ne nie pas l'originalité des yeux de bouillon factices! Mais que faut-il pour arriver à ce trompe-l'œil? Un léger sentiment de la ligne et quelque dextérité dans le poignet.

Moi, messieurs, je suis un coloriste!

Quand une volaille n'a pas été vendue en son temps, qu'arrive-t-il? Les pattes, d'abord si noires et si lustrées, s'affaissent et pâlissent! Le ton en devient terne et triste, signe révélateur qui éloigne à jamais l'acheteur, initié aux mystères de la couleur par les admirables créations de Delacroix : attiré souvent dans le marché aux volailles par cet amour de l'inconnu qui caractérise les artistes, je m'aperçus de cette mélancolie des pattes de dindon, et j'entrevis un nouvel art à créer à côté des anciens.

C'est à moi qu'on doit les vernis à l'aide desquels les marchands dissimulent aujourd'hui la vieillesse des rôtis futurs! vernis noirs, vernis bruns, vernis gris, roses, écarlates et orangés, une palette plus variée que celle de Véronèse. Mais posséder les vernis, ce n'est rien! Tout le monde les a aujourd'hui; le sublime du métier, c'est de savoir saisir les nuances intimes de chaque espèce de pattes, et de les habiller chacune selon son tempérament!

Dans cette science difficile, qui égale, si elle ne le dépasse, l'âpre génie du portraitiste, je suis, sans modestie, le premier et le seul, et je me flatte qu'après moi il n'y aura plus de vernisseur de pattes de dindon, pas plus qu'il n'y a eu de poëte tragique après Eschyle.

— Eh quoi, dit lord Sidney, il y a vraiment dans le monde tant de choses que nous ne savons pas!

— C'est à ce point, observa mademoiselle Régine, que j'en suis étonnée moi-même. Mais j'aperçois M. Silvandre qui réclame son tour.

Oh! moi, dit Silvandre avec la voix mélancolique d'un hautbois sous les feuillages, je suis parvenu, à force d'intrigues, à créer dans ma mansarde, rue Pascal, n° 22, au-dessus de l'entre-sol, la porte à gauche, une prairie artificielle! Là, je possède un petit troupeau que je garde en jouant de la musette, et je vis du produit de son lait.

Je suis *berger en chambre.*

— Diable! dit lord Sidney, berger en chambre, celle-là demande à être expliquée!

— Elle ne s'explique pas, murmura Silvandre en regardant les plafonds d'un air rêveur.

— Alors, puisqu'elle ne s'explique pas, dit d'un ton de courtisan le personnage au nez bourbonien, permettez-moi de prendre la parole, car, après les états merveilleux de ces messieurs, je crains pour l'effet du mien, qui est bien modeste. Il a simplement pour but de protéger la famille contre le socialisme.

Dans ces temps où les bases de la morale publique sont sapées à toute minute, qui pourrait le nier, hélas! il se rencontre des bâtards pleins d'énergie et d'imagination, et capables d'arriver aux affaires publiques. La société est donc exposée à se voir gouvernée par des hommes qui s'appellent pour tout nom Arthur ou Anatole!

J'ai voulu la sauver de cette difficulté si délicate.

Possesseur d'un grand nom et pauvre comme Job, mais devant hériter d'un bien considérable dans trente ou quarante ans, c'est-à-dire quand je serai mort, j'ai conçu l'idée colossale de rendre un père à tous les infortunés auxquels la Providence a refusé cette seconde Providence.

Je suis *Reconnaisseur d'enfants!*

Je reconnais tous ceux qui le veulent, pourvu, bien entendu, continua avec une adorable impertinence, le vieux noble, pourvu qu'ils puissent faire honneur à leur père. C'est cinq cents francs, prix net... et six cents francs pour les nègres.

— Bah! s'écria Roger-Bontemps, vous avez reconnu un nègre?

— Plusieurs nègres et trois Indiens anthropophages. Pour les nains, c'est cinquante francs en plus, et je traite de gré à gré pour les infirmités physiques. La semaine dernière, j'ai eu un bon bossu. Un bossu de quinze cents francs, il est vrai qu'il portait des lunettes vertes.

Il est juste de dire que tout en admirant comme elle le mérite cette profession sauvage, les convives de lord Sidney furent révoltés par le cynisme du personnage au nez aquilin.

— Moi, lui dit avec de grands airs la femme qui ressemblait à toutes celles qui ont joué en province les rôles de mademoiselle Georges, je vis comme vous de ma noblesse. Je suis duchesse d'O..., et ma mère vendait des pommes de terre cuites à l'eau sur le pont Saint-Michel.

Héritière de cette profession philanthropique, j'enviais pour ma vieillesse un fonds de fruitière, lorsque j'eus l'idée de former une société en participation avec une de mes amies, marchande au Temple, et dont le fonds se compose d'un lorgnon en chrysocale et d'une robe de velours.

Quand un jeune homme sans protection a besoin d'être recommandé à un ministre, il vient me trouver. Grâce à mon nom historique, j'entre tout droit chez le ministre; mon amie me prête la robe de velours et nous partageons ! c'est vingt francs pour une recommandation ordinaire, et le double pour aller où il faut insister.

— Cet état-là est bien gentil, dit Silvandre. Malheureusement il n'a pas de nom.

— Le mien non plus, parbleu, fit Mademoiselle Régine. Tous les états de femme sont des états sans nom.

Je suis la maîtresse d'un fou idiot, et je suis payée pour cela par la famille de mon amant.

Ce malheureux qui compose des romans et des fables à faire geler la chute du Niagara, n'est, par bonheur, ni assez fou ni assez idiot pour que sa famille puisse le faire enfermer ; mais elle garde ses deux cent mille livres de rentes, et elle me donne mille francs par mois pour me charger de ce cadavre humain.

Mademoiselle Régine se tut. C'était simple, mais horrible !

Tout le monde frémit.

La jeune fille reprit après un silence :

— Quand Obermann sera mort (il s'appelle Obermann) ! ses parents diront simplement : Le malheureux mangeait son bien avec des filles d'Opéra.

C'est moi qui joue les filles d'Opéra.

A ce monstrueux récit, lord Sidney se sentait frémir d'une secrète horreur, et le jeune homme de dix-huit ans ouvrait des yeux grands comme le monde. Il fallut cependant écouter encore l'homme à la balafre ; mais l'effet était produit et c'était, comme on dit, la petite pièce.

— Moi, dit cet athlète d'une voix formidable, je suis employé au théâtre Saint-Marcel, un théâtre situé rue Censier, dans un quartier de tanneurs. On m'y appelle *le Figurant qui remplace le Mannequin.*

Le théâtre Saint-Marcel est l'enfer de la pauvreté humaine. Les comédiens s'y peignent les pieds avec du noir pour imiter les bottes, et cirent des bottes réelles pendant l'entr'acte à la porte du spectacle. Un procès compliqué contre les quinze derniers directeurs du théâtre Saint-Marcel absorbe le peu d'argent que les artistes gagnent à cette industrie de commissionnaire.

A ce théâtre, on ne se souvient pas d'avoir été payé ; et c'est à ce point qu'un journaliste ayant laissé tomber dans le foyer des comédiens une pièce de cinq francs, cette pièce est restée là jusqu'à ce que son propriétaire vînt la chercher, car personne ne savait ce que c'était !

Le directeur nourrit les artistes chez un

marchand de vins dont la boutique est située en face du théâtre ; le matin, ils ont du petit-salé, le soir, la soupe, le bœuf et un morceau de fromage. Bien entendu, les amendes roulent là-dessus, puisque l'argent n'est pas connu au théâtre Saint-Marcel.

Pour les petites amendes on leur ôte le fromage, pour les moyennes le bœuf, et les grosses amendes consistent à ne pas dîner du tout. Le malheureux comédien qui est à l'amende se promène avec désespoir devant la boutique du marchand de vins, en attendant l'heure où il jouera *Une passion* et *Il y a seize ans.*

Car, au théâtre Saint-Marcel, faute d'avoir pu en monter d'autres depuis dix ans, on n'a jamais joué que ces deux pièces : *Il y a seize ans* et *Une passion.*

Dans chacune de ces comédies il y a un mannequin, et le mannequin d'*Il y a seize Ans* est précipité du célèbre pont cassé, haut de douze pieds. Or, comme le costumier, homme intraitable, demandait quarante sous pour déshabiller et rhabiller le mannequin pour le drame, je suis, hélas! le figurant qui remplace le mannequin! pour dîner et déjeuner à la cuisine chez le marchand de vins des artistes. Je fais chaque soir ce saut terrible! Trois fois par semaine, régulièrement, je tombe et je me mets le crâne en loques, voyez mes balafres! J'ai fait vingt ans la guerre sous l'Empire, et je n'en avais rapporté que deux blessures; mais le rôle du Mannequin, ce sont de rudes campagnes.

Seulement, comme je n'ai pas trouvé d'autre état que celui-là pour ne pas mourir de faim, je fais celui-là.

— Mylord, s'écria vivement Roger-Bontemps, je demande à présenter une observation. La profession de Monsieur n'est pas excentrique, elle est absurde!

— Messieurs, dit lord Sidney, n'attaquez pas vos professions réciproques, toutes ont bien leur mérite, et Pâris lui-même serait embarrassé, car vous êtes plus de trois, et je ne sais vraiment comment vous satisfaire tous! Sachez seulement que je trouverais de très-mauvais goût de votre part de ne pas fourrer l'argenterie dans vos poches, et que moins on en retrouvera sur la table, plus je garderai de vous un agréable souvenir.

A cette apostrophe un peu directe, deux ou trois des convives rougirent d'avoir été devinés; mais ce ne fut qu'un nuage. Ceux qui ne s'étaient pas mis à l'aise jusque-là se rattrapèrent, et mademoiselle Régine en profita pour s'écrier :

— Ah! mon Dieu! je m'aperçois que je suis venue sans bouquet, et que je vais au bal!

Lord Sidney qui comprenait à demi-mot, lui fit apporter par Tobie le célèbre bouquet de diamants et de pierreries, et lui dit avec un sans-façon digne de Richelieu :

— Excusez-moi si je vous le *donne*, mais j'ai si peu de temps à moi!

Maintenant, dit-il en se retournant vers ses convives, remplissez les coupes, M. Tobie, et buvons une dernière fois aux dieux inconnus! Mademoiselle Régine voudra bien décerner le prix pour moi, car je me sens plein de perplexités entre tant de professions excentriques!

— Pardon, mylord, murmura timidement le jeune homme de dix-huit ans, mais je n'ai pas encore parlé.

Les convives regardèrent avec dédain ce faible athlète.

— Eh quoi, lui dit lord Sidney avec un étonnement profond, auriez-vous à votre âge une profession plus excentrique que les professions excentriques de ces Messieurs ? Mais alors quel démon peut l'avoir inventée ?

— Mylord, articula le jeune homme d'une voix douce mais ferme : *Je suis poëte lyrique et je vis de mon état.*

A cette révélation foudroyante, tous les convives baissèrent la tête.

Que ne parliez-vous plus tôt, s'écria lord Sidney, les dix mille livres de rentes sont à vous, et bien à vous ! Mais comment ferez-vous pour mourir à l'hôpital ?

— Mylord, dit finement Régine, je vais prier Monsieur de m'offrir son bras. Et d'un geste de chatte, elle ramassa les deux cent mille francs, et les fourra dans la poche du jeune homme.

Le bouquet et les yeux de mademoiselle Régine étincelaient comme des myriades d'étoiles frissonnantes. Elle prit la main de son cavalier improvisé.

— Et votre fou ? lui demanda-t-il en tremblant d'amour.

— Bah ! répondit la terrible Parisienne, avec un cynisme à effaroucher le marquis de Sade ! Plus on est de fous, plus on rit !

On se leva pour partir et on choqua les verres une dernière fois. Les bougies se mouraient et éclairaient la salle des Titans de reflets ensanglantés. Lord Sidney, sa coupe élevée dans sa belle main, entama le magnifique refrain de Pierre Dupont : Aimons-nous !..

Cette grande invocation fut répétée en chœur, et les convives disparurent comme des ombres par les portes de la boiserie.

Comme elles se refermaient, lord Sidney jeta un dernier regard sur ses convives.

— Hélas! murmura-t-il, tandis que ses yeux erraient sur les bas-reliefs de la salle, ceux-là aussi sont des Titans vaincus !

M. Tobie s'avançait en souriant pour parler à son maître, mais celui-ci le congédia d'un geste.

Resté seul, il s'écria :

— Hélas! il faut donc que de pareilles choses existent pour que nous soyons riches!

Et, cachant son front dans ses mains, il pleura amèrement.

LES PAUVRES

SALTIMBANQUES

« Grâce au Dieu clément, il n'y aura pas d'hiver! » disaient l'autre jour dans la campagne les pauvres saltimbanques et les pauvres musiciens ambulants; « et sans vêtements chauds, sans bois dans la mansarde, nous pourrons continuer à vivre en chantant comme les cigales ! » Ils n'avaient plus un morceau de pain dans leur bissac, ni dans leur poche un pauvre sou vert-de-grisé; mais, tout exténués et tout haletants, ils gagnaient enfin Paris, Paris où il y a des auditeurs pour toutes les chansons. Justement je me trouvais là quand ils arrivèrent sur la place publique, et je n'oublierai jamais ces têtes embellies par la poésie et par la douleur. Il y en avait un au teint basané, aux longs cheveux noirs, au regard profond et mélancolique, qui tenait un violon à la main ; et sa petite fille, pauvre enfant sans mère, qui portait une guitare. Oh ! la belle enfant, pâle comme un lis, avec de grands yeux étonnés et noyés, et laissant flotter au vent d'énormes cheveux d'or crêpés par la vie sauvage !

Puis, il y avait aussi la sauteuse, svelte femme de dix-sept ans, blonde aussi, et la peau hâlée avec des taches de rousseur, mais charmante malgré ses lèvres pâlies et violettes, et hardiment taillée comme la Diane antique, si ce n'est qu'elle avait, sous son maillot déteint, les jambes et les pieds un peu forts de la danseuse. Une jupe de soie bleu céleste sur laquelle brillaient des paillettes flétries serrait sa chemise flottante, retenue seulement par une écharpe d'Orient attachée en ceinture et volant au vent. Puis il y avait aussi l'Alcide et le pitre, et c'était tout.

Au moment de commencer leurs exercices,

ces malheureux jetèrent ensemble au ciel un suprême coup d'œil de désespoir et de prière. Par bonheur, il y avait eu précisément sur cette place une séance de je ne sais quelles associations; les membres de tous les comités avaient fini de prononcer tous leurs discours, et les associés sortaient en foule. Attirés d'abord par la beauté de la sauteuse, quelques femmes se groupèrent autour des saltimbanques, puis les hommes, et je remarquai là beaucoup de gens célèbres, sans compter le Colbrun d'un de nos théâtres du boulevard, un tout jeune comique, moins fort assurément que le Colbrun réel, mais pourtant rempli comme lui de verve malicieuse et spirituelle. La petite guitariste regardait avec de grands yeux suppliants tous ces beaux messieurs et toutes ces belles dames, et semblait leur dire : « Prenez pitié de nous ! » La sauteuse contemplait les déesses dramatiques avec la supériorité de la vraie beauté sur les robes de soie, et le virtuose se recueillait. L'Alcide mâchait dans ses dents un poids de cinquante livres, et le pitre avalait un vieux sabre pour tromper son appétit.

Tout à coup, quatre ou cinq gros messieurs à barbe, revêtus d'élégants paletots, fendirent violemment la foule à coups de ventre et à coups de coude, et se retirèrent en s'écriant : — C'est une infamie ! comment la police peut-elle tolérer des choses pareilles !

— En effet, dit le bourgeois, qui représente partout le chœur antique, il est bizarre que la police les tolère.

Amis, dit aux saltimbanques le Colbrun qui s'était approché, ne faites pas attention à ces mécontents : ce sont les marchands de bois ! Ils sont furieux de ce que les pauvres ouvriers et les pauvres artistes ne mourront pas de froid cette année dans leurs mansardes, et de ce qu'il n'y a pas d'hiver ! Ils se sont tous fait faire par leurs amis les tailleurs des paletots de trois cent cinquante francs, pour faire croire qu'il y aurait un hiver ; mais nous avons été rassurés par le chant des oiseaux et par les rayons du soleil, et voilà pourquoi les marchands de bois meurent de chagrin !

Le cercle s'était fait et le spectacle commença. C'était d'abord une parade, vive, alerte, prodigieusement réjouissante en son gros sel, entremêlée d'heureux lazzi et de soufflets retentissants comme des tonnerres, et représentée à merveille par le pitre et la sauteuse qui avaient si grand faim, l'un jouant Jeannot et l'autre Colombine ! La galerie rit beaucoup ; mais quand la sauteuse en fit le tour avec son plateau de fer-blanc, personne n'y mit rien...

Le Colbrun s'approcha d'une Célimène en renom :

— Dis donc, fit-il avec une moue énergique, dis donc, ma vieille amie, je comprends que tous ces gens-là ne donnent rien aux artistes de la rue ; tout ça, c'est né au collége et au Conservatoire, sur les coussins de soie et sous les lambris dorés ! Mais nous ! mais toi qui as tant chanté à la porte des estaminets borgnes pendant les meilleurs jours de ta jeunesse ! toi qui étais si belle du temps que tu déjeunais avec des pommes de terre frites dans un coin de l'atelier, chez le peintre à qui tu servais de modèle! toi qui faisais l'amour à l'entre-sol chez le marchand de vins du coin, et qui chantais si bien ta romance, et qui avais du talent tout de même... allons, Célimène, un peu de courage à la poche, et ne fais pas comme les nobles héritières du Conservatoire!

— Que parles-tu de *Conservatoirrre?* dit l'actrice célèbre, (et elle faisait rouler les *r* comme dans ce monument historique;) il est *prrrobable* que j'en suis *sorrrtie* aussi, puisque *j'entrrre* à la Comédie-*Frrrançaise* et que je joue le *grrrand rrréperrrtoirrre? Pourrr* jouer le *grrrand rrréperrrtoirrre*, il faut *avoirrr* été *nourrrie* d'études *grrraves* et *sérrrieuses*; et tu sais bien que j'y ai un succès *énorrrme*, et qu'on *rrrefuse* de l'*arrrgent* toutes les fois que je joue *Elmirrre*. Qu'y a-t-il donc de commun entre ces *misérrrables* et une femme qui se *crrroit*, à *torrrt* ou à *rrraison*, la *Marrrs* de son époque et la *prrremièrrre* comédienne de son siècle?

— En effet, dit le bourgeois, si madame a été nourrie d'études graves et sérieuses, je ne vois pas ce qu'il y a de commun entre elle et ces saltimbanques, et il me semble qu'elle se montre extrêmement judicieuse en ne leur donnant rien.

— C'est vrai, répliqua le Colbrun; je n'y avais jamais pensé!

Alors, essuyant avec le revers de sa main une grosse larme tombée entre ses cils recourbés, la petite guitariste chanta, en grattant les cordes de son instrument, la chanson de Théophile Gautier, si pleine de larmes :

> Avril est de retour,
> La première des roses...

Tout le monde pleurait; personne ne donnait rien...

Le Colbrun s'approcha d'un grand poëte, présent à la scène.

— Monsieur, lui dit-il, je crois que c'est à vous de donner l'exemple! Vous aussi, du temps que vous mourriez d'amour aux pieds de votre première maîtresse, vous écriviez pour elle des chansons comme celle-là, que tous les couples d'amants chantaient à Ville-d'Avray, et à Fontenay que fleurissent les roses! Videz un peu votre bourse dans la main de cette petite guitariste; cela sera d'une bonne morale.

— Monsieur, répondit le poëte, j'ai l'honneur d'appartenir à l'Académie française, cette glorieuse institution que Richelieu a donnée à la France, en même temps que par ses sages rigueurs il consolidait le trône ébranlé par les factions aristocratiques. L'Institut, pour accomplir sa mission civilisatrice, doit rester non-seulement le temple du goût, mais encore celui de la morale épurée par le progrès croissant des lumières; il a bien voulu me pardonner une jeunesse déviée hors du sentier des saines doctrines; il m'appartient de reconnaître cette noble vengeance en n'encourageant pas une poésie dans laquelle l'abondance des ornements et la richesse de l'expression ne justifient pas un oubli complet des principes sur lesquels repose tout l'édifice si laborieusement élevé par nos pères.

— En effet, dit le bourgeois.

Le violoniste commença. Comment vous exprimerai-je quelle passion, quelle verve inspirée agitait sa main lorsqu'il faisait pleurer sous l'archet les cordes émues et frissonnantes? Tout le poëme de la grandeur méconnue, de l'extase amoureuse, de la misère libre parmi la nature, il le racontait, et avec quels accents! Puis, comme l'artiste qui se révolte et ne veut plus montrer son talent à la foule grossière, ce furent les tours de force, les étourdissements furieux, les carnavals en délire, Venise tout entière, tout Paganini attaché à sa proie! La foule succombait; elle ne donna rien....

— Pour le coup, dit le bourgeois, voilà qui est fort! J'ai ouï dire que certains virtuoses exécutaient ces difficultés à l'aide d'une canne seulement; mais il m'est impossible d'ajouter foi sans restriction à une assertion qui blesse à un tel point les notions premières de la technique des arts.

— Mon Dieu! monsieur, fit un critique influent, s'approchant du bourgeois, vous dites que cela est fort! entendons-nous. Un violon est un violon; ces excès, ces violences, ces délires d'une imagination désespérée, ces chocs de sons qui tentent l'impossible, ne valent pas pour moi cet admirable récit de la Fontaine, les *Deux Pigeons*, ou simplement cette ode d'Horace, *Donec gratus eram tibi!* Le véritable violon, le voilà, *Donec gratus!*

— Monsieur, monsieur, dit le Colbrun s'approchant du romancier à la mode, je comprends la réserve de ce feuilletoniste; il ne peut pas avouer qu'il est un poëte de génie, résigné à cacher son âme sous les feux d'artifice du talent! Mais vous, monsieur le romancier, regardez à présent la sauteuse qui fait la danse des œufs? Elle danse sur une terre jonchée d'œufs, elle s'enlève comme la Rosati et elle évite tous les œufs! Si ce n'est pas là votre métier de romancier à la mode, je consens à jouer, comme Pelletier des Funambules, les Lafont, les Félix, et les comiques habillés!

La danseuse pâmée semblait un oiseau qui voltige. On était ravi ; il se nouait des intrigues ; on ne donnait rien... Le Colbrun continua :

— Voyez, monsieur, si cet exercice-là ne vous a pas attendri, voyez maintenant ce pitre qui avale des sabres et des étoupes enflammées, et cet Alcide qui porte des poids ! Est-ce là, oui ou non, votre métier ? Un peu de cœur à la poche ! On croit qu'il avale les étoupes, il ne les avale pas ; on croit qu'il va laisser tomber les poids, il ne les laisse pas tomber ; ce qui veut dire en mauvais français : *La suite au prochain numéro !* Il y a une chose certaine, c'est que ça ne se ressemble peut-être pas, mais à coup sûr c'est la même chose !

— En effet, dit le bourgeois, c'est tout à fait la même chose.

Le romancier lui jeta un regard de pitié. Le Colbrun reprit :

— Cette fois, par exemple, videz votre poche, il le faut ! Considérez que la sauteuse s'est couchée sur les reins, dans le ruisseau, et que le brave Alcide lui fracasse des pavés sur le ventre à grands coups de maillet? ce que vous faites toute la vie, ô romancier! ô dramaturge! sur le ventre de la muse et sur le ventre de la langue française. Pourtant le ventre de la sauteuse résiste, il ne se casse pas; c'est le pavé qui se brise, et les éclats sautent à la figure de monsieur! (Il montrait le bourgeois.) En faveur de cet exercice, donnez quelque monnaie à la sauteuse, bon romancier! Son portrait vous fera toujours quatre pages de copie!

— Monsieur, répondit le romancier, j'ai vécu quatre années rien qu'avec du fromage de Gruyère, et j'ai eu une inflammation du palais. Je travaille vingt heures par jour, et je ne fais pas de dépenses inutiles. Je joue à la Bourse sagement; le Lyon m'a été bon, mais j'ai perdu sur les Docks. Il me reste à payer un étage de la maison que j'ai achetée avec mon dernier roman de cœur, et quatre arpents de ma propriété à Classy-les-Bois. Encore deux années de travail, et je pourrai réaliser une opération qui me permettra de donner une activité double à ma production littéraire. Membre de toutes les associations et quitte de tous mes devoirs philanthropiques, je ne connais pas ces gens-là et je ne leur donne rien !

Les pauvres saltimbanques avaient épuisé tout ce qu'ils savaient, la foule s'était dispersée ; on ne leur avait rien donné ; ils pleuraient ! Passèrent une comédienne des boulevards qui n'avait pas été nourrie d'études graves, et, fumant sa cigarette, un artiste qui n'était pas de l'Institut. Réunis au Colbrun, ils trouvèrent dans leurs poches, où il n'y avait rien, quelques francs avec lesquels les pauvres saltimbanques allèrent manger de la charcuterie chez le marchand de vin.

Voilà l'histoire que je viens d'imaginer, symbole de la vie des artistes.

Et ce n'est pas sans raison que j'intitule comme conte poignant le petit livre dans lequel j'ai voulu mettre quelque chose de nos grandeurs, de nos misères et de nos rêveries.

Saltimbanques, et pauvres saltimbanques en effet, ces poëtes inspirés, ces comédiens ivres de passion, ces voix éloquentes, ces joueurs de violon et ces joueurs de lyre, ces marionnettes du génie qui ont pour état de pleurer d'abord, comme le veut Horace, et après de faire pleurer la foule et de la faire rire! Car, s'il vous plaît, qu'est-ce que le saltimbanque, sinon un artiste indépendant et libre qui fait des prodiges pour gagner son pain quotidien, qui chante au soleil et danse sous les étoiles sans l'espoir d'arriver à aucune académie? Ah! malheur à ceux, malheur à celles d'entre nous qui ne reconnaissent pas leurs frères dans ces bouffons aux pieds souillés de poussière, aux lèvres souriantes, aux fronts tachés avec la lie de Thespis! Ils n'ont pour récompense que quelques gros sous, et l'amour du printemps et le mépris des sots; mais quelles sont les nôtres? Leur couronne est faite de paillon, leurs joyaux de verroterie, leur pourpre est un haillon déteint; mais, s'il vous plaît, de quoi est faite notre couronne, de quoi nos joyaux, de quoi notre pourpre? Et c'est pourquoi, (pardonnez-moi, Mars, Marie Dorval, ombres sacrées, et toi, Frédérick!) c'est pourquoi j'ose écrire *Les Pauvres Saltimbanques* au-dessus de ces pages, où je nomme pourtant des noms si illustres, encore tout baignés des rayons fulgurants de la poésie. Les jours où je puis donner un sou à un rapsode des Champs-Élysées, je lui fais cette aumône avec respect, parce que je le regarde très-sérieusement comme un confrère d'Homère. Il y a bien la différence de talent; mais, si on faisait attention à cela, tous les membres des quatre associations artistiques auraient-ils le droit d'écrire à M. de Lamartine, en commençant leur lettre par ces mots sacramentels : *Monsieur et cher confrère?*

LE VOYAGE
DE LA FANTAISIE

La déesse Nuit efface sur son visage sa poudre de fleur de riz, et elle jette par ci par là ses robes couleur de lune, ses pendeloques frissonnantes et ses écharpes d'azur; la voilà qui met ses gants pour rentrer chez elle, et qui part en disant à son habilleuse Iris : « Ma bonne Iris, mettez bien tout en ordre dans la loge ; en voilà jusqu'à la représentation de demain. » Elle plie en quatre son bulletin et le met dans sa poche, et la voilà partie. Cependant la folle Aurore commence déjà à l'Orient ses orgies de roses, baignant dans les célestes fleurs de la lumière les fleurs vivantes de son corps renversé, et se pâmant et détirant ses bras pour montrer son aisselle où tressaille un duvet d'or, et souriant, la fille lascive ! De ses grands cheveux qu'elle secoue s'envolent mille rayons dans l'air, et l'un d'eux, perçant les rideaux de toile perse, va éveiller violemment le poëte Théophile. Mais combien n'est pas étonné cet écrivain français, en voyant assise sur le rayon folâtre sa chère Fantaisie, enveloppée dans les nuages bleus d'une cigarette !

— Oh ! mademoiselle, mademoiselle Fantaisie, dit-il en donnant à ses lèvres l'expression la plus suppliante qu'il peut, mademoiselle, repassez, repassez, repassez demain, comme dit, dans le *Domino noir*, cet exécrable M. Scribe ! N'espérez pas, tant s'en faut, m'entraîner ce matin à la barrière Montparnasse, parmi les tonnelles dont la pampre découpe ses feuillages sur le sable en guipures luxuriantes ! ni chez la petite Naïs, qui demeure dans un berceau de satin comme un enfant ! ni dans la volière du professeur Célio, où les oiseaux jouent à perte de vue la comédie de l'amour, avec des costumes entièrement neufs! Aujourd'hui, tous les rhythmes lyriques entreraient dans ma maison en faisant carillonner leurs sonnettes de cristal, je les prendrais à pleines mains et je les fourrerais dans un carton vert, tant je suis peu en train de me livrer à la poésie! Aujourd'hui j'ai à remplir des devoirs sérieux, tels que de me rendre au siége de la Société des gens de lettres, et d'y voter pour l'élection d'un membre du comité; faute de quoi, j'assume sur ma tête une responsabilité, à ce qu'assure le *Bulletin de la Société des gens de lettres!* J'aime la petite fille qui vend ce *Bulletin de la Société des gens de lettres*, au passage Jouffroy! Avec ses yeux dorés et ses cheveux ébouriffés sous son bonnet noir, elle sera courtisane quelque jour, elle achètera de la parfumerie à crédit, elle prendra chaque jour soixante-quinze coupés à deux francs l'heure, et elle fera vivre les huissiers! D'ailleurs, mademoiselle, pas de poésie ce matin, et laissez-moi mettre mon habit noir pour aller nommer le membre du comité; sans quoi, vous avez lu le *Bulletin*, et vous savez ce que j'assume!

Mais la Fantaisie :

— Paresseux, paresseux Théophile, paresseux comme tous les poëtes ! Incorrigible voluptueux, qui cache sa lyre dans le cabinet de toilette avec les tire-bottes, et qui reçoit le troupeau des Muses comme si c'étaient les créanciers du matin venant faire la scène de la sonnette ! Heureusement que vous êtes faible comme une femme, et qu'on vous emporte où l'on veut... et que nous partons !

Les voilà partis, les voilà arrivés !

D'abord le pays de Watteau. De grands arbres sveltes, de murmurants ombrages, la belle chanson des fontaines dans les coupes de marbre, et sous les allées, les blanches déesses, tandis qu'étendue parmi les pelouses avec une grâce divine, la Comédie-Italienne, prête à partir pour Cythère, rêve, bercée par les instruments de musique. Et, dans le ciel, les nuées d'Amours précèdent le navire, voltigeant autour de la voile flottante.

— Ami, dit la nymphe, veux-tu rester dans ce pays-là, et que nous le chantions en rondeaux et en triolets, après qu'on nous aura passé des habits de satin rayé de rose, comme celui du bon Mezzettin?

— O chère bien-aimée! répond Théophile, ne te laisse pas abuser par ces gens, si jolis qu'on a envie d'acheter une console de Boule le père pour les mettre dessus! Tu les vois comme cela silencieux, ils ont l'air très-spirituel! mais je les ai entendus causer, moi, dans les *Noces de Pandolphe*; ils racontaient une suite de traits de vertu, comme dans la *Morale en action* et dans le vaudeville de *Ketly* : une gaieté à faire pleurer des carmélites !

— Partons, dit-elle. — Le pays de Shakspeare, encore la douce féerie! Rosalinde, Célie, Orlando, Hippolyte, en costume d'amazone dans la forêt où Titania, couronnée de fleurs, baise les lèvres de son joli page enlevé à la reine des Indes!

— Là non plus je ne veux pas rester, dit Théophile en roulant sa cigarette; je les connais, ces terribles comédiennes de la gaieté! Tu les entends, elles ne semblent occupées qu'à enfiler des concetti et à se griser avec des sonnets d'amour; elles s'habillent en bergers à casaque aurore pour troubler une bergère volage; elles font des coquetteries avec le bouffon ; elles sont gaies comme l'alouette matinale. Tu crois, qu'elles s'appellent Célie et Béatrix, et qu'elles garderont toute la vie leur robe couleur de lune ? O ma maîtresse! leur corsage en soie d'Orient cache la robe blanche trouée par une blessure sanglante. Cette folle, dont le rire éclate comme une chanson, tout à l'heure elle éclatera en pleurs, et elle murmurera la *romance du Saule*; tout à l'heure, renversée dans le flot qui l'entraîne, elle arrachera, d'une main mourante, les fleurs du rivage; tout à l'heure Roméo mourra, la bouche sur ses lèvres décolorées; elle s'appelle Desdémone ; elle s'appelle Ophélie, elle s'appelle Juliette !

— Le pays des mots et des phrases ! Pareil à Paganini le fantastique, ce cruel virtuose que lui-même a si bien chanté, un homme, tordu sur son violon, tourmente la pauvre âme enfermée en cette prison de bois. Elle crie, elle pleure, elle gémit, elle se plaint douloureusement, et parfois elle rit aux éclats dans les convulsions du désespoir. Puis en troupes, en armée, en bataille, tout ce qui obéit au violon de cet homme, les mots, les voyelles délicieuses, les fières consonnes, les épithètes pompeuses, le casque au front et la poitrine serrée dans une cuirasse qui laisse le sein nu; les adjectifs folâtres vêtus en baladins, tout hors d'haleine, humides et chancelants de lassitude, et pourtant effarés, bondissant dans une danse éternelle, obéissant avec délire à l'implacable musique qui les force à danser sur les œufs, à faire la roue et le saut périlleux, à passer à travers le rond des pipes, à s'élancer au-dessus des sabres levés en l'air et du feu de peloton exécuté par une compagnie de ligne.....

— Ah! s'écrie Théophile, ce feuilletoniste est un grand artiste, assurément, maître d'un pays prodigieux. Mais tourmenter ainsi ces pauvres mots, les mêmes avec lesquels sa mère l'a bercé petit enfant, et avec lesquels sa première maîtresse lui a dit : « Je t'aimerai toujours ! » Et puis, non, je n'y puis consentir. Je ne puis souffrir que, pour réjouir l'oreille de ces bourgeois stupides, cette âme agonise ainsi, captive à jamais dans ce morceau de bois signé Stradivarius. Emmène-moi dans le pays où les âmes sont libres et où elles bondissent capricieusement sur la terre charmée.

Les y voici ! Scapin, Mascarille, ces effrontés Siciliens dont la moustache chatouille les astres, mettent Géronte dans des sacs et le battent ; au balcon des esclaves amoureuses ils appliquent des échelles de soie, tandis que les amants-poupées de ces gredines font de la rue un empyrée peuplé de perruques fauves en guise de soleils. Blanc comme un lis, Pierrot vole le gigot sur la tête du traiteur ; puis, assis dans l'herbe émaillée de pâquerettes, il éventre avec concupiscence un pâté formidable d'où sortent des serpents qui lui mangent le nez. A travers les rues qui deviennent des forêts, et les cascades qui se changent en feu d'artifice, Léandre et Cassandre poursuivent ta jupe à paillettes et à passequilles, ô toi, la gloire, l'idéal, la femme cherchée, le rêve poursuivi, le ver luisant, le mirage, l'adoration visible! ô toi, riante et radieuse et vive Colombine! Et lui, Arlequin, aux mille couleurs, il l'entraîne en voltigeant dans les paysages! Et, couverte de pierreries, la jeune fée étend sa baguette d'argent sur leurs aventures merveilleuses! Allons, Théophile, veux-tu, toi aussi, poursuivre Colombine ou t'enfuir avec elle parmi les châteaux magiques, les marchands de gâteaux, les cabarets à tables vertes et les oasis enchantées ?

— Fantaisie! Fantaisie! ceux-là non plus, il n'y faut pas croire! Ce Scapin et ce Mascarille, cet Éraste et ce Valère, cette Lucile et cette Isabelle te font l'effet de jolis sacripants emportés par toutes les fureurs de la jeunesse, chérissant le vin et l'amour et la flânerie sous le grand ciel! Eh bien! toi que charme cette bohême poétique, reste un moment de plus devant leur tréteau sublime formé de planches jetées au hasard sur des futailles vides; un moment de plus, fais comme le roi Louis XIV, et encourage par tes applaudissements ces chevelures dénouées et ces beaux rires tachés de lie, tu verras! Cette comédie du soleil et de la vendange va devenir une homélie en vers pompeux; ces fourbes valets et ces enfants de l'amour vont devenir sociétaires de quelque chose : ils seront chauves, ils porteront des cravates blanches à quatre étages au-dessus de l'entresol, et des faux-cols pleins de dignité ; des lunettes d'or cacheront leurs yeux atones, et leurs habits noirs de première classe feront crever de jalousie M. le commissaire des morts ! Sur toutes les tombes ils prononceront des discours inscrits avec soin sur des manuscrits noués avec des faveurs vertes, et devant eux, comme l'auvent d'une vieille maison gothique dans un bourg de Normandie baigné par le soleil, un gigantesque abat-jour vert fera dire à l'Institut : « Ils manquent à notre gloire! » Marine elle-même et Zerbinette chercheront comme suprême renommée celle d'avoir introduit de la décence dans leurs liaisons de carrefour, et elles iront aux cabarets avec des caleçons !

Quant à Colombine, je la connais aussi, et j'ai lu son histoire il y a bien longtemps. Regarde-la, seize ans à peine, et on dirait, à la voir, les premières matinées d'un printemps vermeil. Eh bien! ces roses, elle les essuiera ce soir avec une serviette, et cette magnifique toison d'or, elle la rangera dans son armoire à glace; cette jambe d'ardente bayadère, cette poitrine de fille amoureuse viennent de chez le bonnetier, et ce sourire de chez le dentiste; l'esprit même a été emprunté chez le journaliste du coin... ne pas confondre avec le vaudevilliste, la porte à côté! Jeunesse, beauté, sourire, ces formes hardies et cette chair appétissante, rien n'est à elle de ce qui couvre un hideux squelette; et qui sait même encore si le squelette est en bon état? Emmène-moi, ô ma sœur! loin de cette Colombine faite de pièces et de morceaux, loin de cette Dorimène qui fonde des crèches, rachète les pauvres Chinois, quête à l'Ascension et sauve les noyés!

Cette fois, ô machiniste! le coup de sifflet de ton changement à vue est strident à vous faire frissonner dans la moelle des os. Cette fois, cette fois, ô Théophile! voici bien la fantaisie réelle! Sur la terre rajeunie comme au temps des dieux par le rêveur Fourier, vois, groupés par phalanges harmoniques ces troupeaux d'hommes heureux, entraînés dans le travail attrayant au rhythme sacré d'une ode. Les villes, pareilles à des grappes d'astres, s'épanouissent dans la campagne fleurie comme des planètes dans un ciel; la nature domptée a soumis ses torrents à féconder les sillons, et les intempéries des saisons ont fait place à un immortel printemps. Mêlés aux travaux, les festins réunissent à leurs longues tables les séries d'hommes et de femmes pour qui la passion elle-même, exempte de haine et de trouble, se règle au chant des lyres! Est-ce cela que nous chanterons, ce siècle d'Astrée où Hercule, vainqueur de la Mort et de la Douleur, a étouffé le vautour dans ses fortes mains et délivré enfin le doux Prométhée sur son rocher sanglant?

— Amie, dit Théophile, voilà certainement de la géométrie admirable; mais aimer dans un triangle, travailler dans un cercle, demeurer dans le carré de l'hypothénuse qui continue d'être si bien égal à la somme des carrés faits sur les deux autres côtés ! Non ! qu'on me laisse la tempête qui déchire les cieux, et le vice et la douleur, pour qu'il y ait aussi le dévouement, et la joie, et l'espérance, et la liberté !

Et il s'est enfui, et il est déjà bien loin. En vain la muse crie aux échos : « Théophile ! Théophile ! » La pauvre muse Fantaisie n'a pu trouver nulle part la vraie fantaisie, et à présent voici même qu'elle a perdu son poëte ! « Quoi ! dit-elle, retournerai-je aux féeries de l'Aurore sans y rapporter seulement une strophe d'ode et un bout de chanson ! — Bien plus ! où retrouverai-je mon poëte que j'ai égaré à travers ces contrées bizarres ? »

Elle le retrouve pourtant, le bras passé autour de la taille d'une jeune femme à la lourde chevelure blonde et les regards noyés dans ses yeux. « Quoi ! s'écrie-t-elle, amant passionné de la rime, m'as-tu quittée en effet pour faire l'amour dans un bosquet, à la façon d'un hussard de l'Opéra-Comique? Pourquoi pas tout de suite les drames historiques où tu ferais rimer *fini* avec *Chavigny*, et le mariage, et le bonnet de coton, et les verres à boire sur lesquels il y a le portrait de la croix d'honneur? »

Mais Théophile :

— Amie, vois ces cheveux ruisselants et ce franc regard, et cette peau diaphane sous laquelle tu peux regarder courir ce jeune sang. Vois ces lèvres pleines de douceurs et de caresses, et ce sein ému, et cette taille de reine, et cette main élégante et ferme qui serre si bien la mienne! Si ce n'est pas là la véritable poésie, je renonce à la chercher ailleurs ; et, quand la bise sera venue, tu peux fort bien jeter aux salamandres du foyer mon *Dictionnaire des rimes françaises!* Fantaisie pour fantaisie, je me tiens à celle-là, harmonieuse comme tes chansons, jeune comme le printemps, folle comme Zerbinette et comme Colombine, et qui sait si bien sourire aux cieux en élevant son verre plein de vin vieux! Va annoncer à l'univers que je n'élirai pas le membre du comité, et que je rêve au premier livre de mes *Amours* !

La nymphe s'est envolée en pleurant ; et lui, retenu par le collier de ses bras blancs, il s'est endormi sur le sein de Juliette !

LE
VIOLON ROUGE

Oh! les beaux violons écarlates, joie des petits enfants! comme ils resplendissent de ce rouge sublime en sa crudité qui fait l'enchantement des âmes encore pures! Ils sont jolis et ne coûtent que vingt-cinq sous; un poëte lui-même peut amasser de quoi en acheter un pour charmer sa maison. Comme les fleurs, comme les polichinelles, comme le vin du cabaret, les pauvres petits violons rouges valent peu d'argent et ils donnent des jouissances infinies! Ah! les pères de famille des petites villes ont bien raison : Pourquoi entretenir des filles d'Opéra?

Il y a quelques jours, j'ai vu à Bicêtre un

fou appelé David, qui jouait d'un petit violon rouge. Il a trente-deux ans à peine ; il est grand et svelte, sa tête régulière, d'un type admirable, conserve les traces d'une grande beauté ; mais le regard est au ciel. Je me suis arrêté bien longtemps devant David, car je ne pouvais me rassasier d'admirer le bonheur dont son visage était illuminé. Le son, à peine perceptible, produit par le frottement de l'archet sur les morceaux de fil roux tendus en guise de cordes, le plongeait dans une sublime extase ; et moi, j'étais bien près de fondre en larmes comme lui, car le plaisir que me donne un artiste vient avant tout de celui qu'il éprouve.

J'ai voulu savoir l'histoire de David. Orphelin, il avait été élevé par charité dans une pension, où sa timidité et sa faiblesse physique l'empêchaient de se mêler aux jeux des autres écoliers. Aux heures des récréations, il errait triste et seul, ne sachant à qui confier son amour pour la liberté, pour les forêts, pour les fleurs. Un jour, le fils du maître de pension, petit monstre stupide qui faisait faire ses devoirs par David, reçut pour récompense de ses succès une charretée de joujoux parmi lesquels était un violon rouge. Comme il trouvait ce jouet indigne de lui, il le donna à David, et dès ce moment-là David eut un ami.

Dès que la classe était finie, il allait se blottir sous le perron du jardin, et il jouait de son violon rouge. Sans doute, alors déjà, comme à présent qu'il est fou, il croyait que le violon rendait à son oreille tout le poëme de passion et de douleur que ses petits doigts lui confiaient. David n'avait pas de mère qui le baisât et le prît dans ses bras, pas de frère, pas d'ami, pas de chien ; son violon rouge était sa famille. Il vécut heureux jusqu'au jour où un *pion*, furieux d'avoir perdu sept sous au jeu de dominos dans le sale cabaret où ce cuistre passait ses heures de liberté, brisa brutalement d'un coup de poing le cher violon.

Imaginez toute la désolation qui peut tenir dans toute une âme! Seul, abattu et désespéré, jusqu'au jour où il quitta son enfer, David n'eut qu'un rêve : posséder, quand il serait grand, un violon véritable auquel il pourrait raconter tous les trésors d'amour et d'amertume amassés dans son sein. Enfin, ce jour-là arriva, et la main *bienfaisante* qui avait mis l'enfant en pension le plaça chez un épicier du quartier Mouffetard. La fille de l'épicier chantait Schubert au piano ; le fils de l'épicier apprenait le violon, et faisait mourir dans des convulsions de nerfs les chats des toits voisins. Je laisse au grand romancier qui naîtra le soin de vous raconter par quels travaux de nègre, par quels dévouements, par quels beaux élans d'âme, par quelles folies, par quelles bassesses, par quelles rouertes innocentes et désespérées, David obtint un petit coin dans l'amitié du fils de l'épicier, et avec quels tressaillements, quels frissons glacés, il lui demanda enfin, en tremblant, la récompense de tant de services rendus : la faveur de toucher l'instrument pendant dix minutes !

Mais supposez achevé ce poëme inénarrable, la séduction du fils de l'épicier ; David a conquis un monde ; tous les jours il est libre pendant une demi-heure, et il est libre de passer cette demi-heure en tête-à-tête avec le violon,

Il ne s'était pas demandé qui lui apprendrait à en jouer; il ne comprenait même pas que cela s'apprît; il sentait bien, cœur débordé, qu'il saurait, par des moyens inconnus, faire chanter dans ce bois sonore l'immense chœur de voix confuses dont il avait l'âme pleine. Trois années il vécut dans l'extase, chantant pour lui seul un chant qu'on n'entendra jamais; puis il tomba à la conscription et devint soldat.

Pendant trois années encore, David, obstiné à son rêve, vécut au milieu d'un régiment comme un anachorète du désert, dans des privations inouïes, n'ayant pas en tout ce temps-là une goutte de vin ou d'eau-de-vie, mais amassant des liards! Au bout des trois années, il put acheter à des saltimbanques, dans une foire de village, un méchant violon qu'il raccommoda, et il recommença à chanter! Si l'âme pouvait crier quand elle étouffe, si elle pouvait décrire avec des sons visibles le ciel dont elle a une soif ardente, si les amours, les ardeurs et les jalousies avaient des voix, on entendrait quelque chose de pareil à cette musique qu'il avait créée et que parfois les soldats écoutaient avec curiosité.

Quand David fut libéré du service, l'idée que les hommes vivent d'une profession ne lui vint même pas. Il regagna Paris, et exista enfin ! Il errait dans les campagnes, dans le bois de Boulogne, s'enivrant de soleil et de verdure ; puis il revenait aux Champs-Élysées, s'adossait à un arbre, et là, oubliant tout, jouait du violon pendant des heures. Bien peu de gens lui jetaient des sous, car qui pouvait comprendre les accents célestes de ce poëte ? Ces quelques sous lui suffisaient pour payer le coucher de la nuit et ce qu'il mangeait çà et là. Encore eût-il été bien incapable de les administrer. Mais une petite mendiante des Champs-Élysées, belle d'une beauté cachée sous la crasse des haillons, devint amoureuse de lui. Comme lui, elle avait vécu depuis l'enfance dans la solitude et dans la rêverie ; elle venait s'asseoir au pied de son arbre et écouter sa musique. On ne saura jamais comment ces deux êtres se parlèrent. Enfin, elle alla habiter avec lui un garni où les rats n'auraient pas voulu loger ; elle adorait le pauvre David, et lui, sentant une âme qui le comprenait, il jouait du violon pour elle !

L'automne dernier, la mendiante mourut de la poitrine. Elle morte, David ne pensa plus à rentrer au garni. La nuit aussi il restait dans les Champs-Élysées, chantant la morte ! Il fut arrêté comme vagabond, et les agents lui prirent son violon. David devint fou.

En entrant à Bicêtre, il retrouva en lui justement les mêmes impressions douloureuses du pensionnat : tel il avait tressailli, enfant, de sa solitude entre des murailles, tel il en tressaillait. Il demanda au médecin un petit violon rouge, et le médecin voulut bien le lui faire donner : il en joue tout le jour.

A présent David est à l'abri de la méchanceté des hommes. Personne ne lui prendra ni ne lui cassera plus son violon rouge, à qui il raconte son amour pour son amie morte.

Il est heureux.

MADAME DORVAL

A SAINT-MARCEL

Par une soirée effroyablement belle d'un hiver magnifique, je rencontrai au café de la Porte-Saint-Martin un ami qui venait de faire en province six mois de journalisme politique ; car, si la nécessité de mourir inflige aux poëtes l'hôpital, la nécessité de vivre les condamne à bien d'autres martyres ! Dans une causerie longtemps désirée, le temps passe comme un éclair entre deux forçats du même Olympe, et nous venions de dévorer rapidement une heure de confidences, comme des naufragés poussés par les flots dans quelque île verdoyante mordent avec gloutonnerie aux premiers fruits sauvages qu'ils rencontrent. Mais quand la pendule de l'estaminet sonna huit heures, Charles saisit précipitamment son chapeau, et croisa sur sa poitrine un de ces formidables paletots achetés Regent-Street, et que M. Nicholl semble avoir confectionnés pour fournir aux athlètes modernes l'occasion d'accomplir, en les portant, un treizième travail d'Hercule.

— Ah! me dit-il, je suis sérieusement désolé de vous quitter; nous avions tant de choses à nous raconter! Mais, au fait, voulez-vous venir avec moi?

Je regardai le boulevard. Une croûte de diamant resplendissait sur le pavé; des glaçons d'une délicieuse élégance enjolivaient le fer des rampes, et la vallée du boulevard Saint-Martin étincelait dans la lumière comme si elle eût contenu tous les pâles ossements que contiendra un jour la vallée de Josaphat. A travers les vitres j'entendais l'âpre vent du nord secouer ses cheveux et brandir ses glaives pour fouetter le premier mortel qui oserait se montrer dehors et aussi pour lui couper la figure.

— Ma foi, m'écriai-je, je ne veux absolument aller nulle part! Mais où courez-vous ainsi?

— Je vais chercher un coupé.

— Pourquoi faire?

— Pour me rendre au théâtre Saint-Marcel. J'y vais savoir des nouvelles d'un de mes drames, *Gaëtan-le-Maudit*. M'accompagnez-vous?

— Au théâtre Saint-Marcel! répétai-je en bondissant, non, de par tous les diables! quand même je devrais y voir, (et en disant ces mots je cherchais dans ma pensée, si hospitalière aux exagérations de toutes sortes, l'impossibilité la plus fougueusement idéale), quand je devrais y voir, ajoutai-je enfin... Frédérick ou madame Dorval!

— Précisément, me dit Charles, vous verrez madame Dorval. Elle joue *Marie-Jeanne*.

Je partis d'un grand éclat de rire et je me demandai si nous n'étions pas au premier avril. Le splendide froid qu'il faisait sur le boulevard me donnait un démenti énergique. Sur les nez des passants brillaient, comme sur les jolis coteaux de Provins, des champs de roses vermeilles. Dans le ciel lui-même les étoiles tâchaient de se réchauffer, en se serrant les unes contre les autres. C'était un beau froid, décidément.

— Je parle très-sérieusement, reprit Charles; madame Dorval joue ce soir au théâtre Saint-Marcel le rôle de Marie-Jeanne.

— Et, demandai-je avec un indescriptible étonnement, pourquoi cela? Une grande infortune à soulager sans doute, ou quelque furieux caprice d'artiste?

Charles poussa un grand soupir et ne me répondit pas. Sa tête devint si éloquente que je le compris cette fois, mais avec quelle honte pour la France tout entière, avec quelle terreur sinistre, avec quelle indicible épouvante! Halluciné, il me sembla que les cadavres de Chatterton et d'Hégésippe Moreau posaient lourdement sur mes épaules nues leurs belles mains glacées. Je me vis moi-même agonisant dans le lit d'hôpital qui attend les vrais poëtes, à moins toutefois qu'ils ne fassent amende honorable à la porte de l'Académie française, nus en chemise et la corde au cou, et tenant dans les mains un cierge de six livres. Et l'horreur se glissa dans toutes mes veines.

— Allons! dis-je, et je suivis Charles.

Nous ne trouvâmes pas de coupé et dûmes nous contenter d'un fiacre auquel étaient attelés deux spectres, qui seront décrits le jour où les races chevalines auront trouvé un Dante. Qui dira le fantastique de notre voyage? Le cocher devint effrayant lorsqu'il entendit le mot: Saint-Marcel! Mais l'héroïque stature de Charles le tint en respect, et il dut se borner à nous demander malignement le nom de la rue où était le théâtre Saint-Marcel. Ce nom, nous le savions; il fallut bien céder, et le cocher, réellement ivre de craintes à cause de la glace, fouetta ses chevaux.

Il faisait si froid et la blanche sérénité de l'atmosphère était telle que les admirables panoramas de Paris semblaient des découpures en papier, ridiculement festonnés par quelque impitoyable artiste en silhouettes.

Sur le bleu du ciel, les nuées transpercées par la lumière rappelaient les abominables bijouteries en opale exposées chez les joailliers en faux au Palais-Royal. Chaque bec de gaz ébouriffait comme un incendie son panache de flamme ensanglantée.

C'était un beau froid. Après s'être perdu par malice dans les labyrinthes du quartier Mouffetard, le cocher, aveuglé, s'égara pour tout de bon. Le long de la route, ses chevaux tombèrent trois fois. Au coin d'une rue, (c'est le cas de dire, par exemple : et quelle rue !) nous entendîmes à nos oreilles un coup de pistolet. Sans doute, quelque voleur qui craignait de mourir gelé et qui intriguait pour aller coucher à la préfecture !

Nous arrivâmes enfin ; le cocher frissonnant n'osait pas repartir seul et voulut nous attendre. Nous entrâmes. Je passe l'étonnement du contrôleur, qui semblait croire à quelque magie, et qui retourna vingt fois entre ses mains les deux pièces de quarante sous que nous lui donnâmes. Figurez-vous une salle vide et glacée, à peine éclairée, par misère. Une sombre Sibérie en toile peinte où luttaient les horreurs de l'hiver et les horreurs des ténèbres, habitée seulement par une centaine de *voyous* en blouse ou couverts de haillons, et dont les têtes flétries par le vice parisien prenaient dans l'ombre des aspects effrayants. Mais sur la scène!

Sur la scène, il y avait la grande comédienne qui a été toute la poésie du théâtre contemporain: Marie Dorval. Elle racontait la poignante épopée de cette Marie-Jeanne, qu'elle a faite plus grande que la Niobé grecque. (Aussi, a-t-on décoré l'auteur comme *poëte* dramatique!) Transfigurée non plus seulement par les sublimes inspirations de l'artiste, mais par les véritables coups de lance de la Douleur et par les aurores de la Mort prochaine, la divine Marie avait atteint l'expression angélique, et je vis en elle, à travers mes pleurs, la seule mère qu'il y aura jamais sur l'ignoble tréteau! Comme le rideau tombait, Charles me dit à l'oreille:

— On lui donne cent francs par soirée.

— Nous allâmes chercher l'entrée des artistes. Madame Dorval était sur la scène froide et obscure comme la salle. Malgré la pelisse qu'une femme de chambre venait de lui jeter sur les épaules, elle tremblait de tous ses membres et ses dents claquaient.

— Oh! pensais-je en moi-même, les soirées de *Chatterton*, les belles soirées de l'ingrate Comédie-Française, où, à la voix de Marie Dorval tout ce champ d'épis humains tressaillait sous une brise inconnue! Et je la revoyais aussi, avec sa belle rose dans les cheveux, en dona Chimène, dans la comédienne de *Marion Delorme*, comme Devéria nous l'a laissée.

La scène était véritablement noire comme un four. Un régisseur s'approcha de moi et me tendit un paquet informe.

— Mettez donc ça sous votre paletot, pour voir, me dit-il d'une voix enrouée.

— Mais non.

— Mais si, puisque c'est l'enfant!

— Raison de plus.

Il me prenait pour l'acteur chargé du rôle d'Appiani.

— Mais, dis-je à l'un des Luguets qui jouait dans le drame, et qui était alors engagé au Palais-Royal, comment M. Dormeuil vous permet-il cela ?

— Bah ! me répondit-il, et le mot était véritablement terrible dans cette nuit de glace, ici, est-ce qu'il peut le savoir ?

Malgré les offres du directeur, Charles avait repris son *Gaëtan*. En quittant ce calvaire du génie expirant, je jetai un regard sur la Malibran de la Poésie qui allait mourir, et mourir ainsi. On dit que le mérite réussit toujours. Oui, il réussit à se constater et à produire son œuvre ; mais le reste ! Et si le sang des martyrs de l'art ne coulait plus de leurs flancs déchirés, pour qui donc fleuriraient les palmes vertes dans les jardins du ciel ?

LE TURBAN

DE

MADEMOISELLE MARS

Le directeur du théâtre de la Gaîté était en ce temps-là un homme d'une habileté si bien reconnue, qu'il faisait éclore des proverbes sur ses pas, comme la Vénus antique faisait éclore des roses. Si le mot de « jeune et intelligent directeur » n'a pas été inventé pour le célèbre spéculateur dont je parle ici, c'est uniquement parce que ce mot remonte aux premiers jours de la création des idiomes modernes et fut peut-être antérieur à la renaissance de l'art dramatique? La finesse bien connue de ce Parisien me dispense d'expliquer par quelle suite de ruses il était parvenu à réunir toute la critique à une répétition générale, par une étouffante soirée de juin, où le mot *Relâche*, imprimé sur des affiches roses, s'étalait prétentieusement sur les portes de la salle. « Il s'agissait, non pas d'un drame courant, bâti sur les données vulgaires adoptées habituellement pour ces tragédies à la douzaine, mais d'une œuvre littéraire, longuement conçue, joignant à un puissant intérêt de curiosité toutes les magies du style, et que la critique devait juger en connaissance de cause! » Toutes ces balivernes, débitées avec le sérieux qui caractérise les Gaudissarts devenus directeurs de spectacle, avaient réussi à empaumer le monde artistique, car c'est là, sachez-le bien, où les badauds manquent le moins à la réclame. Les gens d'esprit ont tout leur esprit pour rendre vraisemblable et pour s'expliquer à eux-mêmes le premier mensonge qu'on leur fait; là où les imbéciles éviteraient un panneau grossier, ils y donnent tête baissée, grâce à la faculté d'imager. On saura un jour que l'art d'élever des lapins n'est rien auprès de l'art qui consiste à spéculer sur le génie, et à s'en faire trente mille livres de rente.

Pourtant, toutes les imaginations réunies des critiques assemblés là n'aboutissaient pas à voir autre chose qu'un mélodrame des plus vulgaires dans l'œuvre « de haute portée » dont on leur avait réservé la primeur, et, faute d'un succès de pièce, malgré la folle guérie, le pont du torrent et les reconnaissances d'enfants, le directeur dut se contenter ce soir-là d'un succès d'actrice. Mais comme il se rattrapa là-dessus! A peine ce fatal robinet eût-il été ouvert que le nom glorieux de mademoiselle Mars, chuchoté de cent côtés à la fois, commença à bourdonner dans mes oreilles comme le susurrement de ces pluies d'avril mêlées de grêle, que nous appelons ici printemps. Je me croyais halluciné comme dans ces rêves où quelque mot redouté vous poursuit, grondé par l'orage, murmuré par les flots, vomi par les antres profonds, balbutié par les fleurs elles-mêmes. Mars! Mars! mademoiselle Mars! voilà ce que j'entendais bruire de toutes parts; ce nom m'enveloppait, je le respirais, il me courait le long de chaque cheveu! « La jeune première a la tradition de mademoiselle Mars, la démarche de Mars! c'est l'organe harmonieux de Mars; elle joue comme mademoiselle Mars! comme elle rappelle mademoiselle Mars! »

Je sortais de la salle avec ce grand critique dont les œuvres seraient l'histoire la plus complète du théâtre moderne qu'on pût rêver, si cette histoire ne vivait bien autrement saisissante, animée et merveilleuse dans les conversations où le prestigieux écrivain se dépense mille fois en une heure, entassant les faits, les aperçus, les portraits tracés à la Gavarni, avec un seul coup de crayon souligné par un seul trait de plume, et, comme fait le statuaire avec un coup de pouce donné à propos, éclaire avec un mot lumineux toute son esquisse.

— Ma foi, lui dis-je, mademoiselle Mars n'a pas de chance, décidément! Au moment où son convoi passait devant le théâtre historique, un rayon de soleil, parti comme une flèche d'or du ciel soudainement déchiré, a baigné de flamme son portrait peint sur la coupole où le peintre l'a représentée rayonnante de ses vingt ans, vêtue en enchanteresse de Marivaux, et jouant, en reine qu'elle était, de l'éventail et du sourire. Mais c'est le dernier bonheur que je lui aie connu, et depuis ce jour-là elle a été bien éprouvée.

— Comment cela? me demanda le critique avec un air de bonhomie dont le sens ironique m'échappa d'abord.

— Mais, repris-je, depuis que nous avons perdu la grande comédienne, il n'est pas une fille majeure qui ait débuté dans les Célimènes sans être proclamée au même moment l'héritière de mademoiselle Mars, tandis que, de bon compte, plus d'une, parmi ces triomphatrices, aurait pu être exhérédée comme indigne, et jugée non apte à succéder, pour cause d'ingratitude. Puis, soyons justes, mademoiselle Rachel a donné au foyer de la Comédie un buste de mademoiselle Mars, qui punit bien cruellement mademoiselle Mars de s'être rendue immortelle, car ce portrait peigné, lissé et gratté avec une naïveté d'Ojibwas, ressemble un peu trop aux objets d'art sculptés au couteau par les sauvages. Puis enfin, le nom de mademoiselle Mars est devenu un terme de comparaison si facile à se rappeler et si commode à employer que, de l'Odéon au théâtre de Laon, on ne se donne plus la peine d'en chercher un autre. Croyez-vous que cela soit bien agréable pour l'illustre morte ? Si l'actrice en représentation n'a pas ostensiblement la voix de Grassot et le nez d'Hyacinthe, si elle n'est ni borgne ni bossue, et surtout si elle porte sur sa tête des potagers aussi bien fournis que ceux des dames de la ville, vite on la compare, sans la marchander, à mademoiselle Mars.

Le critique souriait toujours.

— Enfin, lui dis-je, n'avez-vous pas entendu le nom de mademoiselle Mars prononcé deux cents fois à propos de la jeune première qui jouait ce soir dans le drame ?

— On n'avait pas tout à fait tort.

— Comment, repris-je avec feu; je conviens que cette dame est pâle et svelte, qu'elle succombe fort agréablement à sa mélancolie, et qu'elle sait faire la bouche en cœur comme un pastel bien élevé, mais vous me céderez bien qu'elle est précisément élégiaque à la façon de Dimocourt, et sentimentale comme un roman écrit pour les portières. Quel rapport voyez-vous entre cela et la femme qui fut par excellence le bon goût, l'atticisme, le langage mesuré, la grâce décente, et en qui vous admiriez vous-même l'accord du sens exquis et des plus suaves élégances ? Je vous avoue que je suis curieux de savoir si vous me présenterez cette couleuvre-là par la queue ou par la tête !

— Cher enfant, me répondit avec bonté le grand critique, dont les paroles furent pour moi comme la lumière soudaine d'une torche éclairant une cave obscure, vous n'avez pas connu mademoiselle Mars.

Savez-vous en quoi consistait surtout son génie ? Elle avait découvert ceci, que Balzac eût mis en évidence, au milieu de la page, sans oublier d'écrire en lettres majuscules le mot :

AXIOME

Comme type idéal de beauté ou d'élégance, n'espérez pas faire avaler au spéculateur autre chose que son portrait daguerréotypé.

Et voilà tout le secret ! Mademoiselle Mars savait que les femmes viennent au théâtre, non pas du tout pour y voir Elmire ou Célimène, ou Araminte, de qui elles se soucient comme de la quadrature du cercle, mais pour y voir leur propre image ; et, miroir charmant, elle leur montrait leur image un peu embellie. Tant pis pour Molière, ou plutôt tant mieux pour lui ! Car, en retouchant les portraits de Célimène et d'Elmire de façon qu'ils ressemblassent aux dames assises dans les loges, mademoiselle Mars imposait Molière à ces belles dames. Elles portaient des boucles sur le front et des turbans avec des oiseaux de paradis ; mademoiselle Mars en porta héroïquement jusqu'à la fin, et défendit l'oiseau de paradis contre le bon goût des poëtes, qui eût ruiné la Comédie-Française ! Me comprenez-vous maintenant ? D'une manière abstraite, *jouer comme mademoiselle Mars* veut dire jouer pour le public à qui on a affaire, et se modeler sur lui. Voilà pourquoi l'actrice de ce soir, en se faisant sentimentale à la façon des portières, jouait, à un point de vue, comme mademoiselle Mars. Quand Talma représentait Hamlet avec des bottes à la Souvarow, à glands, et une redingote de satin blanc, il jouait comme mademoiselle Mars ! A l'époque où le *Siècle* passait pour le plus bête des journaux, il était rédigé comme la comédie était jouée par mademoiselle Mars, car il parlait comme son public !

Vers la fin des études d'*Angelo*, en avril 1835, Hugo eut tout à coup l'esprit traversé par une idée qui le glaça jusque dans la moelle des os. Vous savez quel succès de répétitions avait eu la pièce. Le vrai drame en prose, poignant, émouvant, gonflé de pleurs, allait enfin se montrer à la Comédie-Française. Mais toute la joie d'Hugo s'en alla quand il pensa à ceci :

— Comment va s'habiller mademoiselle Mars ?

— Mais, dit l'actrice adroitement interrogée, je compte mettre une robe décolletée.

— Et pour coiffure ?

— Mais un turban surmonté d'un oiseau de paradis, et des boucles sur le front.

Voyez-vous la consternation du camp romantique? Hugo parla comme il sait parler, puis il lâcha sur mademoiselle Mars l'éloquence, la verve, l'esprit-Protée de Dumas. On ne la quitta pas de quinze jours. On lui relut cent fois la scène sixième de la journée deuxième, où il est dit textuellement :

ANGELO, *apercevant le manteau.*

Qu'est-ce que ce manteau ?

LA TISBÉ.

C'est un manteau que l'homme m'a prêté pour entrer dans le palais; j'avais aussi le chapeau, je ne sais plus ce que j'en ai fait.

Et l'on voulut expliquer à mademoiselle Mars l'impossibilité où elle se trouverait de prononcer cette réplique avec quelque vraisemblance, si elle avait sur la tête un turban surmonté d'un oiseau du paradis ! Louis Boulanger fit des croquis si beaux qu'ils eussent décidé même une danseuse de l'Opéra à porter un costume exact. Ces croquis, c'était tout le seizième siècle italien ! Enfin, le 28 avril, jour de la représentation, à cinq heures et demie, le procès fut gagné. Mademoiselle Mars promit. A sept heures et demie, elle entrait au foyer. Comment croyez-vous qu'elle fût costumée ?

— Sans doute avec la robe décolletée, les boucles sur le front, le turban et l'oiseau de paradis. Ce fut absurde !

Ce fut sublime ! Là est le vrai génie. Le costumier ne triompha pas, mais le poëte triompha et devint immortel tout de suite. Sans ce turban, les dames n'eussent pas adopté dona Sol, et il aurait fallu aux vers d'Hugo vingt années de plus pour être compris. Il n'y a pas de milieu. Il faut être mademoiselle Mars et porter des oiseaux de paradis, ou être madame Dorval et mourir à Saint-Marcel.

UN AUTEUR
CHEZ LES MARIONNETTES

Certes, ce fut un épouvantable cataclysme dans la vie du modeste et célèbre écrivain Dachu, quand mademoiselle Ingrémy, du théâtre Lazary, refusa brutalement le rôle de la *Fée des avalanches*, dans la pièce de ce nom, sous prétexte que ce n'était pas une ingénuité! Avoir fait la révolution romantique au spectacle des Funambules en même temps que M. de Vigny à la Comédie-Française, avoir été Shakspeare chez madame Saqui, et lord Byron au théâtre Lazary, pour recevoir, après vingt années, un pareil soufflet, voilà bien ce qui juge la gloire humaine! Aussi ne chercherai-je pas d'expressions pour rendre l'affaissement dans lequel tomba

Dachu. Après le coup de foudre du Destin, on vit de larges sillons se creuser sur le front de cet homme illustre, qui jouissait d'une position magnifique dans les environs du café Achille.

C'est alors que lui revinrent en mémoire les charmantes choses écrites par le buveur Hoffmann, et plus tard par notre Jules Janin, à propos des comédiens de bois. — Je suis sauvé, s'écria-t-il, (et dans sa reconnaissance, il bénissait aussi M. Magnin et la mémoire du bon Nodier,) je trouverai à deux pas d'ici les acteurs qui me vengeront de l'ingrate! Ceux-ci, à la bonne heure, ils ont le bon sens, l'esprit, la verve, et surtout la naïveté, cette grâce ineffable et mystérieuse des cœurs purs! O poëtes! mes amis, chers joueurs de flûte et de guitare, laissez-moi vous remercier de votre musique à laquelle je dois ma guérison, car je me rappelle parfaitement la chanson que vous chantiez à propos des marionnettes, et même, il n'est pas jusqu'à l'air sur lequel vous la chantiez, dont je n'aie conservé une vague souvenance :

« Heureuse, disiez-vous en vos loisirs, heureuse la muse qui préside aux aimables jeux de ces artistes en bois ! Heureux le directeur, heureux le poëte ! Ils ont sous la main, dans la main, une troupe complète, industrieuse et savante, habile au grand art de bien écouter et de bien dire, sagement disciplinée et vernie avec soin, fidèle à la tradition et assemblée avec de bonnes chevilles, docile aux conseils et taillée en plein cœur de chêne ! Dans cette troupe sans égale, la cantatrice n'est pas malade du dernier succès de madame Ugalde, et le jeune premier en vogue n'exige pas dans son engagement qu'on lui donne la lune et que le régisseur lui cire ses bottes ! Au contraire, ils sont toujours prêts à l'heure, assidus, zélés, brillants comme des ailes de papillon, et, sans prétention à la dignité, vêtus d'oripeaux magnifiques ! Si le public se fâche, ils restent là, doux, résignés, impassibles, sans mouchoirs mordus et sans attaques de nerfs ; et, en revanche, quand la salle croule d'applaudissements et que la scène disparaît sous les fleurs, aucun d'eux ne se gonfle d'orgueil, et ne s'écrie à la Louis XIV, en toisant dédaigneusement le poëte : Le succès c'est moi ! Bien plus, après ces ovations, ces triomphes, ces apothéoses, ces furies de joie, les acteurs ne demandent pas d'augmentation, et se laissent tranquillement remettre dans leur boîte, comme si de rien n'était, tant demeurent honnêtes et mesurés, à travers les plus grandes vicissitudes de la vie, ces doux, rares, savants, dociles, inimitables et prodigieux artistes, les comédiens de bois. »

Hélas! monsieur, disait une heure après à Dachu l'excellent M. Polichinelle, vous ne sauriez douter de l'empressement que je mettrais à obtenir pour mon théâtre une œuvre nouvelle du fameux Dachu ; mais vous ignorez donc que je ne suis plus rien ici? Mes marionnettes ont déclaré qu'elles ne voulaient pas obéir plus longtemps à un maître, et elles se sont réunies en société. Je présente mes comptes à la société, et j'adresse des rapports à la société! Tout ce que je puis faire est de solliciter pour vous une lecture, et j'espère qu'on ne le refusera pas à un nom comme le vôtre.

Dachu était étonné ; il eut pourtant la force de saluer.

— Justement, reprit M. Polichinelle, nous attendions M. Léon et M. Eugène qui devaient lire au comité un drame intime, et qui ne sont pas venus. Le comité est tout à point assemblé en séance, je vais tâcher d'arranger votre affaire.

— Qu'on juge des mille sensations éprouvées par Dachu lorsqu'il entra dans la salle des séances ! D'Arlequins couleur de printemps fleuris, de Pierrots blancs comme des lys, de Colombines rieuses sous le paillon et sous les pierreries, de Mezzettins rayés de rose, de docteurs, de capitans, de Bergamasques, de matassins, d'Isabelles et d'Angéliques, il n'y en avait pas plus que dans le sein d'une société abolitionniste de Glascow ; écoutez bien !

C'était une salle à boiseries en chêne, à parquet en chêne, à corniches en chêne, tendue en drap vert. Au milieu de la salle était une table en chêne, couverte d'un tapis de drap vert; sur le tapis, des chaises de poupée en chêne, rangées en demi-cercle ; sur les chaises des marionnettes en cœur de chêne. Et quelles marionnettes ! Non pas ces délicieux enfants d'un rabot fantaisiste qui parcourent le monde au son des flûtes, roses et folâtres, vêtus de soie et de clinquant et embellis par les sourires d'une éternelle jeunesse. C'étaient des marionnettes bourgeoises, à l'œil hébété, à la bouche digne, préoccupées de la noblesse de leur profession, et par leur seule pantomime assimilant l'art à un sacerdoce, selon l'école Cramousot et M. Joseph Prudhomme.

Ceux-ci, M. Arlequin, M. Gilless, Mezzettin, tous ayant de gros ventres, des crânes dénudés et des lunettes d'or, uniformément vêtus d'habits, de culottes, de vestes, de bas noirs, avec la cravate blanche; celles-là arborant l'immortelle robe blanche à ceinture bleue, avec la rose à biscuit de Savoie plantée sur le coin de l'oreille : tradition sacrée ! Dans un coin de la salle, le buste de feu Guignol, en bronze vert et posé sur un piédestal en chêne, affectait cette horrible expression d'argousin que les statuaires raisonnables croient devoir infliger aux grands hommes morts, sans doute pour décourager les vivants ! Par un trou percé dans le plafond passait une main humaine, puissante comme celles des figures de Michel-Ange, et dans laquelle étaient rassemblés les fils qui faisaient mouvoir les marionnettes.

Le pauvre Dachu entra au milieu d'un déchaînement de crécelles, et parmi une indescriptible confusion de voix de bois et de mouvements de bois qui clapotaient sur le bois, comme durent faire en s'éveillant les baguettes des tambours de la grande armée, le jour de cette revue des morts racontée par le poëte allemand et peinte par Raffet en ses lithographies magistrales. Si le lecteur a de l'oreille, je le supplie d'écrire ici, pour compléter la mise en scène, dix lignes d'onomatopées cruelles. Dachu salua bien bas les petits vieillards en bois aux crânes chauves et aux ventres proéminents ; mais les uns avaient l'air de vouloir l'égorger, et les autres de

songer à le traduire en police correctionnelle.
D'ailleurs, tous s'agitaient comme dans un
chef-d'œuvre d'horlogerie allemande ; celui-ci
tapait sur sa chaise avec un couteau à papier ;
celui-là, avec la régularité d'un balancier,
essuyait ses lunettes de gauche à droite et de
droite à gauche ; il y en avait qui roulaient
leurs yeux de bois, en redressant le laiton de
leurs abat-jour ; enfin, une voix, plus en bois
que les autres, claqua et clapota à Dachu :

« Humph ! clap ! claq ! commencez ! »

Dachu se mit à lire. Il lisait très-bien. Sa
féerie se déroulait à travers les palais, les
paysages, les cieux, les eaux, peuplés de fées,
d'Ariels, de princesses, parmi cent mille
belles imaginations et surprises, le tout assaisonné d'un esprit d'enfer et d'un comique à
hérisser les cheveux de Bobèche. Mais, à la
grande stupéfaction du poëte, les marionnettes n'écoutaient pas et causaient entre
elles du grand chemin de fer central, de l'injustice des journaux et de la représentation
de retraite de mademoiselle Diamantine,
pour laquelle les places devaient être cotées à

cent mille écus la pièce. Quand Dachu élevait un peu trop la voix, un petit vieillard en bois levait son bras tenu par un fil, ôtait ses lunettes, tournait ses yeux de bois et regardait Dachu avec colère. M. Arlequin, placé à côté de mademoiselle Colombine, lui tenait la main; et tous deux exprimaient leur flamme mutuelle par de vives pressions et pamoisons, qu'à peine si on leur voyait encore le blanc des yeux; c'est ainsi que s'acheva la lecture.

Dachu se retira pour attendre son sort; mais, malgré les conseils du bon M. Polichinelle, qui voulait ménager son amour-propre, il ne put s'empêcher d'écouter à la porte, et il entendit par ce moyen les choses les plus inquiétantes. Au milieu du clapotement des voix de bois se croisaient les phrases suivantes :

— Et ajoutez que ce Dachu a des maîtresses.

— Il a fait des chansons; c'est un poëte.

A ce mot-là, Dachu frémit. Mais, ô surprise inattendue! tout à coup la duègne Barbara éleva la voix et prit éloquemment la défense de l'auteur. « Le Théâtre des Marionnettes ne pouvait, disait-elle, repousser cette gloire consacrée. Elle convenait que la pièce manquait de simplicité et annonçait de mauvaises tendances; mais il y avait des détails charmants et des rôles bien tracés, enfin, du style!

Si l'on fermait les portes à Dachu, on s'exposait à des critiques amères dans le journal des Fantoccini, toujours si cruel pour leurs rivales les marionnettes. Bref, la pièce fut reçue à corrections, et Barbara fut chargée d'annoncer elle-même cette bonne nouvelle à l'auteur.

— C'est à moi que vous devez cela, vous ne l'oublierez pas, grinça-t-elle en tournant vers Dachu une bouche amoureuse et des yeux à faire mourir un revenant. Je compte sur le rôle d'Abricotine!

— Mais, murmura timidement Dachu, mon Abricotine a douze ans.

— Raison de plus, s'écria la terrible petite duègne en bois.

A partir de cet instant, les événements se succèdent avec la rapidité de la foudre.

Dachu supplie M. Gilles de l'aider à faire des corrections. M. Gilles y consent. La *Fée des avalanches* devient *Une Passion grave*, drame intime. L'avalanche est remplacée par un hôtel garni, et la fée par la maîtresse de l'hôtel garni.

On procède à la distribution. Dachu veut donner le rôle d'Abricotine à Barbara. Le directeur oppose son veto. Dachu retire son manuscrit. M. Polichinelle lui fait un procès. L'avocat de M. Polichinelle établit que Dachu est séparé de sa femme et qu'il lit Paul de Kock. Dachu est condamné à livrer son manuscrit et à payer à M. Polichinelle vingt-sept francs par jour de retard.

Dachu cède, donne le rôle d'Abricotine à l'ingénue et celui de la duègne à Barbara.

Il reçoit les lettres suivantes :

« Monsieur,

« Vous insultez une femme ; vous êtes un

lâche. Reprenez votre stupide rôle, et croyez au mépris de

« Barbara. »

« Monsieur,

« J'aurais été très-heureux de créer le rôle d'Almanzor dans votre magnifique ouvrage ; mais, puisque notre illustre camarade Barbara abandonne son rôle, je crois de ma dignité de faire comme elle, n'espérant pas réussir devant le public sans l'appui de ce beau talent, surnommé, à juste titre, le strass du Théâtre des Marionnettes, comme Cidalise en est le chrysocale. Croyez aux regrets de votre admirateur

« Mezzettin. »

Plus, vingt lettres rédigées sur le même modèle, avec ce seul changement : Puisque notre illustre camarade Mezzettin... puisque notre illustre camarade Gilles..., etc.

Mais pendant ce temps, mademoiselle Ingrémy avait fait ses réflexions. Devant le mauvais vouloir des marionnettes, M. Polichinelle dut céder et rendre la pièce de Dachu, qui obtient chez Lazary un succès de rage. Les marionnettes sont allées trouver Dachu et le supplient de leur donner une autre pièce. Il veut une vengeance et se fait prier; mais il cédera, car les marionnettes parlent déjà de Meyerbeer, de Cambon et Thierry, et d'une prime qui vaut la peine de faire ses réflexions. Avant un an d'ici, Dachu publiera son *Théâtre*, et il aura sa caricature chez Nadar.

L'ARMOIRE A GLACE

La femme est le plus merveilleux mélange de force et de grâce que la nature ait pu créer; elle est belle, elle est intelligente; ingénieuse partout où nous sommes bêtes; elle donne la vie à la soie, aux métaux, aux diamants, qui sur elles deviennent des parures vivantes, célébrant ces magnificences.

Elle sait coudre et faire le thé.

Sur son front elle secoue, comme les lions, une crinière dorée; dans ses yeux elle a, comme les étoiles, des lueurs charmeresses. Au milieu de la civilisation, elle a gardé, au contraire de nous, les dents blanches, fortes et terribles de l'animal carnassier, et ses lèvres épanouies semblent une fleur sauvage.

Comme nous, elle a su chanter sur la lyre

de la poésie, dompter les chevaux et faire la guerre ; le ridicule glisse sur elle comme une goutte d'huile sur le porphyre, puisque depuis deux mille ans elle a pu être impunément comparée aux roses. Enfin, sous les baleines qui la martyrisent, sous l'acier qui l'évente, dans les brodequins qui la mettent à la question, elle a su préserver la beauté de son corps. Et nous, avec des vêtements aisés, commodes, faciles à porter, qu'en avons-nous fait, ô Phidias ! Dans les jeux de l'esprit et du raisonnement, nous avons brisé notre grand levier humain, la volonté. La femme a conservé sa volonté intacte, comme les enfants et comme les sauvages.

Qu'un politique mette à accomplir un grand dessein la violence, l'âpreté, l'invention, la ruse hypocrite qu'emploie à obtenir un châle la dernière petite bourgeoise, l'Europe ne lui résistera pas six semaines. De notre temps, au contraire, il ne s'est pas rencontré même un artiste ayant assez de suite dans les idées pour continuer à rester tout bonnement ce qu'il était, et pour ne pas briser de ses propres mains l'édifice de sa renommée. La femme seule sait vouloir.

Elle sait aussi souffrir ! Elle est dévouée, chaste, même dans le vice ; elle sait pleurer, elle a gardé pour elle la prière, la charité, le signe de la croix, tous les témoignages que Dieu nous avait donnés pour nous faire reconnaître par les esprits célestes. A toutes les époques, elle a su se trouver une figure que les arts pussent représenter exacte et grandiose ; dictant ainsi elle-même son histoire à l'Ode, à la Peinture, à la Statuaire. Amoureuse, elle sait imiter le langage des enfants et le langage des mères, ces deux harmonies d'une séduction irrésistible. On la nomme ange et déesse, et ces deux noms arrivent à la désigner en effet. La femme est-elle un être d'une essence divine, connaissant sa divinité, mais à qui la Providence n'a pas permis de révéler ce secret prodigieux ? et quand deux femmes sont réunies loin du regard des hommes, peuvent-elles parler entre elles de ces miracles ?

Est-ce ainsi que nous devons expliquer ces

mystérieuses amours d'où nous sommes chassés, et qui nous font marcher dans la vie inquiets, effarés, comme un voyageur dans une contrée qu'il sait pleine d'invisibles abîmes recouverts de branchages et de feuilles mortes?

Ainsi, dans le calme silence des nuits, aux heures où le bruit que fait en oscillant le balancier de la pendule est mille fois plus redoutable que le tonnerre, aux heures où les rayons célestes touchent et caressent à nu l'âme toute vive, où la conscience a une voix, et où le poëte entend distinctement la danse des rhythmes dégagés de leur ridicule enveloppe de mots; à ces heures de recueillement douloureuses et douces, souvent, oh! souvent, je me suis interrogé aussi moi-même avec épouvante, et j'ai tressailli jusque dans la moelle des os. Et, quand on y songe, qui ne frémirait en effet à cette idée de vivre peut-être au milieu d'une race de dieux implacables, parmi des êtres qui lisent peut-être couramment dans notre pensée, quand la leur se cache pour nous sous une triple armure de diamant? Quand on y songe!.. Le mystère de l'enfantement leur a été confié, et peut-être le comprennent-elles? Peut-être y a-t-il un moment solennel où, si le mari ne dormait pas d'un sommeil stupide, il verrait la femme tenir entre ses mains son âme palpable, et en déchirer un morceau qui sera l'âme de son enfant! Et nous ne tremblerions pas près de ces êtres qui vivent dans des mondes fermés pour nous! Regardez les yeux d'une femme au moment où vous venez de discuter avec elle et de la battre complétement dans la discussion. Ils disent, ils disent distinctement: « Comme il me serait facile de triompher si je pouvais parler! mais... »

Ici s'arrêtent les choses que les hommes ont le droit de savoir.

Ainsi je songeais, effrayé, cette nuit même encore, nuit du vendredi 23 au samedi 24 septembre 1853, quand soudain, comme l'éclair d'orage déchire un ciel noir, une consolante réflexion a agité son glaive de feu dans ma pensée obscurcie. Je suis rassuré! La femme n'est que la femelle de l'homme, elle a la beauté, la grâce, la force, le génie, la tendresse; mais elle n'est rien de plus qu'une femme. Le divin Sculpteur, qui l'a pétrie comme nous avec de la fange avant de l'animer d'une flamme céleste, lui a infligé deux signes certains de son origine matérielle.

J'en ai fait la découverte, et je l'annonce à l'univers.

Il y a dans le cerveau de la femme deux petits points par lesquels elle est au-dessous de toutes les créatures organisées.

Premier point. Le vin, cette âme de la grappe, cette liqueur du soleil, chaude comme le jour, colorée comme la pourpre, limpide comme le cristal, étincelante comme les rubis cachés dans la terre avare; le vin, ce flot sacré qui contient l'inspiration, l'amour, la folie, l'espérance, la rêverie, l'oubli, la féerie, tous les biens de la terre; le vin savoureux et rafraîchissant;

La femme ne l'aime pas! Elle ne sait pas ce que c'est.

Pareille à ces vampires qui, fourvoyés dans un festin humain, goûtent à nos mets de peur d'être reconnus, mais n'y trouvent que l'abominable saveur de la poussière et de la cendre, les femmes boivent du vin à nos festins ; mais le Lafitte, le Château-Margot, le Romanée, ne caressent pas leur palais plus agréablement que ne le ferait l'eau saumâtre du sombre Océan. Ce qu'elles aiment à boire, c'est le café au lait, le sirop de groseille, le bouillon des écrevisses à la bordelaise, la tisane de Champagne et la limonade gazeuse. Qu'on me pardonne cette énumération ; mais la science doit toucher sans dégoût à toutes les plaies.

Second point, beaucoup plus grave, et l'objet sérieux de cette méditation ! La femme aime L'ARMOIRE A GLACE.

Un monstre s'est trouvé pour imaginer, exécuter et répandre à foison sur la surface de la terre, le plus platement hideux, le plus grossièrement bête, le plus ignoblement canaille de tous les meubles : l'armoire à glace. Eh bien ! si riches que nous ait laissés le moyen âge en supplices de tous les genres, aucun des supplices connus n'a été appliqué à ce grand coupable. On ne lui a pas appliqué la question du feu, ni la question de l'eau, ni les brodequins, pour lui faire avouer les noms de ses complices. Il n'a pas subi le garrot, il n'a pas été roué ni brûlé en place de Grève ; il n'a pas eu le poing coupé, il n'a pas été traîné sur une claie, et ses cendres n'ont pas été dispersées aux quatre vents du ciel.

C'est que cet homme servait d'instrument à l'un des grands desseins de la Providence.

En laissant inventer l'armoire à glace et en inspirant à toute créature du sexe féminin un amour monstrueux, effréné et désordonné pour cette caisse crapuleuse, la suprême Intelligence a voulu exprimer éloquemment que, malgré ses éblouissantes perfections, la femme doit être seulement chérie comme une créature et non adorée comme une divinité.

Depuis l'invention du meuble, c'est entre les femmes et les hommes de goût une lutte patiente, acharnée, irréconciliable, dans laquelle l'homme est toujours vaincu. Toute femme a, a eu, ou aura une armoire à glace.

Refusez-la-lui : la femme, même duchesse, prendra vingt amants, vous ruinera et boira de l'eau-de-vie.

A quoi croyez-vous que rêvent les petites pensionnaires ? A des amoureux ? Non pas ; à une armoire à glace ! Et les filles de portières ? A une armoire à glace ! Sous son rideau de liserons, dans la poétique mansarde où elle chante et travaille près des oiseaux du ciel, c'est à une armoire à glace que la pauvre fille du peuple, aux bras hardis, aux riches épaules, élève ses rêves de seize ans. Qu'on s'en souvienne bien, entre une armoire à glace et nous, la femme n'hésite jamais.

La femme n'ignore pas pourquoi un homme bien né qui prend une nouvelle maîtresse tarde tant et si longtemps à aller chez elle ; elle sait bien que c'est par frayeur d'y trouver la traditionnelle armoire à glace. Aussi, lorsqu'à la première inspection du mobilier le regard de l'homme s'arrête avec désespoir sur le coffre fatal, vous voyez s'éveiller et fleurir sur les lèvres de sa maîtresse le sourire triomphant de Vénus Victorieuse, qui y restera pour cette circonstance jusqu'à la consommation des siècles.

Les anecdotes abonderaient, et je les épargne au lecteur. La marquise de B... dépérissait du spleen ruineux. Ennui, vapeurs, tentures, mobiliers et porcelaines changés tous les huit jours. Tout à coup elle se consola. « Bon, pensa le marquis en se frottant les mains, ma femme a quelque galanterie, elle va être charmante ! » Pourtant, il ne put se défendre de quelque ennui en s'apercevant que la marquise s'enfermait pendant des heures dans l'appartement de sa femme de chambre favorite. Il crut à quelque indigne amant, et épia. La belle, l'adorable séraphine, cette perle sans pareille de la noblesse française, passait ses heures avec Justine à se peigner devant une armoire à glace, et à ranger dans cette même armoire à glace de la lingerie inutile : le tout pour avoir le plaisir de ranger du linge dans une armoire à glace. Le marquis soupira un peu en songeant au million qu'il avait dépensé pour rassembler dans les boudoirs et dans les cabinets de toilette de Séraphine les plus riches miroirs de l'Europe; mais il se résigna; qu'aurait-il pu faire ?

Les hommes ont bien essayé d'un compromis. Ils ont fait créer par de grands artistes et lancer par d'audacieux marchands d'objets d'art des armoires à glace d'un beau style, en ébène, en Boule, en bois de rose. Les femmes ont compris la ruse, et pas une d'elles n'a voulu accueillir chez elle une de ces armoires. Elles aiment l'armoire à glace, mais elles l'aiment ignoble, en sale acajou rouge, à moulures brutales, à angles carrés, quelquefois même surmontée par-dessus la corniche d'un prétentieux diadème à corbeille de fleurs sculptées, comme les dessus de poêle. En un mot, l'armoire à glace c'est, et je me résume dans un axiome destiné à ne pas périr :

L'armoire à glace, c'est l'infirmité de la femme!

LES FÉERIES DU ZINC

J'ai un ami qui est resté artiste, malgré tout ce qui s'est passé depuis la première représentation d'*Hernani* jusqu'à la publication du roman de madame Henriette Beecher Stowe. Et, à ce sujet, je suis heureux de le répéter ici, je n'ai pas lu cette *Case de l'Oncle Tom!* Je demande à faire un syllogisme : madame George Sand a écrit des articles dans lesquels elle proclamait les vers de M. Charles Poncy, ouvrier maçon, bien supérieurs aux vers des *Orientales*; or, j'ai lu les vers de M. Poncy et je sais par cœur les *Orientales*; donc, je ne lirai jamais la *Case de l'Oncle Tom*, si souvent recommandée par madame George Sand! Oui, *François le Champi*; oui, la *Petite Fadette*; oui, la *Mare au Diable*; mais pas du tout la *Case du Père Tom*, si ce n'est dans le sublime *Tintamarre!* Mais ceci est une digression. J'ai un ami, ai-je dit, et je reviens à cet enthousiaste.

Enfant encore, il vivait parmi les artistes romantiques de 1830, qui tombèrent dans mille ridicules, mais qui, du moins, furent sérieusement grands par leur sincère amour de l'art et par l'ardent désir qu'ils avaient de le ressusciter. Alors, on s'en souvient, les poëtes, les peintres, les statuaires, les graveurs, les ciseleurs, liaient entre eux des commerces d'amitié et tâchaient de donner à ces arts matériels une seule et même âme, pareille à un souffle emprunté au mouvement sacré de l'Ode. Dans ce temps-là, un écrivain n'avait pas, comme aujourd'hui, le droit de ne pas savoir distinguer une lithographie d'une eau-forte, et une image de M. Scheffer d'avec un tableau de Raphaël. Les auteurs dramatiques donnaient à leurs pièces le luxe de l'orthographe, et se mêlaient quelquefois de belles-lettres; les éditeurs de romans comptaient sur un autre public que celui des portières, et faisaient imprimer les livres avec assez de luxe pour qu'il ne fût pas insensé de vouloir les mettre dans une bibliothèque. Enfin, chose plus inouïe, il n'était pas très-rare alors de rencontrer un tableau chez l'écrivain ou un livre chez le statuaire, et les chefs-d'œuvre de la scène française ne se bâtissaient pas exclusivement au café des Variétés. On aimait, un peu à l'aventure peut-être, les joyaux, les étoffes, les armes, les dentelles de pierre, l'or ciselé, les meubles rares, les manuscrits précieux, les belles gravures. Mon ami a eu la sottise de conserver ces goûts frivoles ; aussi semble-t-il un sauvage dans notre Paris, où il n'y a plus d'autre livre que l'*Oncle Tom*, plus d'autres gravures que les illustrations de l'*Oncle Tom*, où tous les théâtres ont joué l'*Oncle Tom*, où les carafes, les verres, les foulards et les bas-reliefs d'armoires à glace représentent exclusivement l'*Oncle Tom*.

Hélas ! il n'avait jamais rêvé les nègres vêtus en saint Vincent de Paul, recueillant des babys dans la neige, et donnant des soirées pour y lire à leurs invités l'*Imitation de*

Jésus-Christ. Il les croyait destinés surtout à être baignés de lumière et habillés de soie écarlate dans les tableaux des coloristes, où ils s'avancent, le regard stupide, et portant de belles aiguières. Hier, j'ai rencontré ce rêveur dans la rue Montorgueil. Il était en habit de voyage. Derrière lui marchaient deux valets portant des malles, des valises, des fourreaux, des sacs, tout le miraculeux attirail de la moderne corroierie anglaise et française.

— Adieu, me dit-il, je pars pour toujours. Je vais au Havre, où je m'embarquerai pour n'importe où, sur le premier navire venu!

— A cause de l'Oncle Tom? lui demandai-je. Mais quoi? et les femmes! Vous n'ignorez pas que, partout ailleurs qu'à Paris, il n'y en a pas. Et nos campagnes, les seuls jardins du monde, Ville-d'Avray, Bougival! Et ce vieux Louvre que vous avez eu à peine le temps de regarder, depuis qu'il renaît, printemps de pierre éclose et fleurie? Et vos livres, vous, si aristocrate; et je vous en loue, ô fils d'Harmodius! espérez-vous trouver là-bas Capé ou

Niédrée pour vous les relier? Sans compter que, sur toute la surface de la terre, le tabac à fumer est infumable, et que, dans toute la Californie, on chante les chansons du cruel M. Henrion, et M. Henrichs, agent officiel de la chansonnette, y a lui-même un agent!

— Ami, me répondit-il, vous voulez savoir en effet pourquoi je quitte le seul paradis du monde où les femmes aient leurs bas bien tirés, et leurs cheveux convenablement peignés au peigne fin? Regardez!

Et justement nous étions arrivés devant une de ces boutiques de zinc déguisé en bronze, qui, dans tout Paris, étalent aux yeux leurs objets d'art éclairés par des chandelles, et jonchés de fleurs artificielles en papier.

— Regardez! disait-il en me montrant le magasin immense. Vous me demandez pourquoi je fuis la patrie, et pourquoi je laisse ces champs pleins de douceur? Le zinc! le zinc! le zinc! Voilà mon *tarte à la crème!* Il y avait déjà le cuivre estampé, monstrueuse invention d'un criminel dont l'avenir clouera le

nom à un immortel pilori, comme celui de
Barrabas et comme celui de l'homme qui a
livré une femme! Oh! les abominables feuilles de cuivre, nids à sale poussière, honteuse
et sauvage parodie des sculptures dorées,
elles ont empoisonné la vie privée et la vie
publique! Comme des serpents, elles ont
grimpé dans le temple, sous l'œil de Dieu;
elles se sont installées dans les palais; elles
nous bravent du haut de nos ciels de lit, du
haut de nos croisées et de nos portières, dont
elles déshonorent l'étoffe! Soyez poëte, rêveur, amoureux, avec ces reliefs criards qui
vous pincent les nerfs, et qui, jusque chez la
bien-aimée, vous rappellent que, fussiez-vous
millionnaire, toujours quelque bourgeois
armé d'un papier timbré a le pied sur votre
poitrine! Grâce à cette cuivrerie de l'enfer,
ils sont arrivés à déguiser la salle des Italiens
en boîte de bonbons, celle de l'Ambigu en
glace à la pistache, celle du Palais-Royal en
un sac de chez Berthellemot! Tenez, quand
on voit passer dans la rue Sainville ou Hyacinthe, on sourit à ces bonnes figures, qui,

tant de fois, vous ont donné l'heureuse joie de la folie ; moi, quand je les rencontre, je sens des mouvements de haine, et j'ai envie de les égorger, car leur souvenir se lie, pour moi, à celui du cuivre estampé, qui, cent fois, a manqué faire de moi un criminel. Ils sont gais, spirituels, charmants ; ils récitent avec une verve céleste la prose de Labiche et celle de Siraudin ; ils seraient, s'ils le voulaient, les comédiens d'Hoffmann, de Watteau et de Shakspeare ; on les adore et on a raison. Eh bien ! je les hais, à cause du cuivre estampé de leur salle ! Le bon Sainville est reçu partout avec la considération qui s'attache à son talent distingué et à son cœur honnête ; il faut voir avec quels égards on l'accueille au foyer de la Comédie-Française, lorsque, ôtant son chapeau, il découvre son vénérable front chauve, et quand, par la bouche de cette ganache épique, Dumersan vient causer avec Molière. Eh bien ! il ne saura jamais qu'il a risqué mille fois sa vie en passant près de moi ! Car les heures pendant lesquelles je l'ai entendu ont été les plus douloureuses de ma vie; j'avais sous les yeux le sale, le maudit, l'infernal cuivre estampé.

— Ma foi! répliquai-je, le cuivre estampé n'est pas précisément joli, et toutefois j'aime encore mieux vivre à Paris avec le cuivre estampé que dans l'Amérique du Sud avec les serpents. Mais, quant à vous, c'est bien différent : si vous devez nous tuer Sainville, allez-vous-en tout de suite ; ne nous ôtez pas d'un seul coup toute la spirituelle gaieté, toute l'aimable bonhomie, toute la verve effrénée de notre théâtre moderne, à la fois le Bourru bienfaisant et Sganarelle, Orgon et Chrysale, le Bourgeois de Daumier et le Claudio d'Alfred de Musset. Partez vers des enfers nouveaux et des brises plus clémentes, et, n'en doutez pas, quand le bon Sainville sera au courant, il regrettera comme moi que vous n'ayez pas pu vous arranger avec le cuivre estampé.

— Oh! dit-il, ce n'était rien encore, ce cuivre. A présent, il y a le zinc! Oh! le zinc! Voyez! sous une peinture boueuse et noirâtre, il se déguise en bronze et il avilit une des plus nobles industries de l'art! Oh! horreur, horreur, comble de l'horreur! Regardez les flambeaux à vingt-neuf sous, les candélabres à neuf francs! les pendules à trente-neuf francs! Voyez ce zinc hideux! Il s'enroule en acanthes, il se déploie en feuillages, il se tresse en guirlandes de roses; rameaux et floraisons, il n'a rien respecté dans la nature; il lui a emprunté, pour les parodier, tous les aspects de l'été et du printemps, et jusqu'aux vignes chargées de fruits du joyeux automne. Il a déshonoré, vilipendé, traîné dans sa boue, sali sous sa vilaine sauce noire les plus divins motifs d'Antonin Moine, de Klagmann, de Feuchères et de Cumberworth; il a parodié les figures de Decamps, de Delacroix, d'Eugène Lami, ce grand peintre de l'élégance? Et à la Poésie, croyez-vous qu'il lui ait laissé quelque chose? Tournez-vous par là, si le sang ne jaillit pas des yeux à la vue de pareilles infamies, et regardez les pendules en zinc! Oh! que de zinc mal employé, et qui aurait fait de si belles gouttières pour préserver les monuments de la pluie!

Je ne vous parle pas des socles, de ces ornements hybrides qui feraient tressaillir les diables d'enfer comme dans l'eau du bénitier, de ces cartouches, de ces volutes, de ces fleurs empruntées à une Flore insensée, de ces blasons aventureux qui eussent jeté M. d'Hozier dans une sombre folie. Mais contemplez les objets d'art en zinc qui surmontent ces piédestaux en zinc, et ces cadrans en zinc, à chiffre en zinc, à aiguilles en zinc; zinc peint, zinc bronzé, zinc argenté, zinc doré! Tenez, voilà Daphnis et Chloé, en zinc, première pendule! celle-ci me prend à la fois Longus, Amyot et Paul Louis Courrier! Seconde pendule en zinc : Sarah la baigneuse; celle-là m'enlève les *Orientales* et Victor Hugo tout entier. Voici Goëthe en zinc, Voltaire en zinc, Sapho, que de souvenirs! Sapho coulée en zinc! Voilà le Giaour en zinc, à la fois lord Byron et Delacroix; puis enfin la Joueuse d'onchets, puis... comment prononcerai-je ces mots horribles? la Vénus de Milo en zinc!!! Et je resterais ici! Non, chantez sans moi, poëtes, sur cette lyre de Ronsard qu'Hugo a tirée de la poussière et dont il a su tendre pour vous les cordes heureuses; coulez sans moi Romanée, Clos-Vougeot, dans le cristal ravi de vos pourpres, et vous femmes, soyez belles! Hier, je suis allé pleurer sur les genoux de ma maîtresse; en relevant la tête, j'ai vu sur la cheminée des coupes en zinc, des candélabres en zinc, une statuette en zinc, et elle est riche, belle, instruite; jugez des autres! Tout à l'heure, au moment de fuir pour jamais le pays où dorment les cendres de ma mère, je suis allé m'agenouiller dans une église et prier pour elle; en relevant les yeux, j'ai vu sur l'autel des flambeaux en zinc dans lesquels brûlaient des bougies de stéarine ou suif épuré! Adieu donc!

— Adieu, lui dis-je, et puisque vous fuyez à l'aventure par les chemins inconnus de l'univers, écrivez-moi. Et si, quelque part dans le Sahara ou parmi les glaces du pôle, dans le pays des huttes enfumées ou dans les forêts délicieusement vertes, encombrées de lianes, peuplées seulement de tigres, de serpents et de perroquets, il se trouve seulement un arpent de terre du bon Dieu où n'aient pénétré ni le cuivre estampé ni le zinc, faites-le-moi savoir ! Je suis un peu de votre avis, et quand le zinc m'aura fait trop de chagrin, j'irai vous rejoindre !

LES
TYPES COMIQUES

CRÉÉS

PAR LA COMÉDIE MODERNE

M. MAYEUX. — ROBERT MACAIRE. — BILBOQUET.
M. PRUDHOMME. — JEAN HIROUX.

Quand l'immortel Molière mourut, debout comme un empereur romain, sur la scène qu'il avait illustrée, quand s'acheva au milieu des huées de la populace cette tragédie qui eut pour exposition la dernière scène du *Malade imaginaire*, ô prodige! ces noms, Valère, Éraste, Clitandre, Marianne, Célimène, Orgon, Sganarelle, que Molière avait pris au hasard des grandes routes et de la comédie grotesque, ces noms de comédie étaient devenus entre ses mains des types vivants, des hommes de chair et d'os éternels comme Alexandre et César. Molière, ce mortel chétif et malade, avait, comme autrefois Dieu, créé des dynasties, et, comme Épaminondas mourant, il laissait auprès de lui des filles immortelles. Ces types, ces hommes bâtis d'alexandrins, qui réclament aux autres hommes leur place au soleil, ce sont les vraies, les seules preuves d'existence que laisse après elle une comédie qui a existé, et ce serait une admirable histoire à écrire que celle des types de Molière ! Mais ajoutez ensemble Balzac et Paul de Kock, la satire de Karr et la satire de Léon Gozlan, l'enthousiasme de Gérard de Nerval et la furie de Théophile Gautier ; enfin la force et la grâce, l'esprit et le paradoxe, tout ce qui tient une lyre ou une plume, Musset et Méry, toutes les gloires et toutes les espérances, peut-être manquera-t-il quelque chose encore pour faire ce beau livre ? Et cependant il y aura pour nos neveux un livre plus grand, plus audacieux, plus un et plus varié plus difficile à écrire que ce livre impossible! Ce sera l'histoire des types créés par notre comédie. Car, osons le dire à notre louange, nous avons su après Regnard, après Beaumarchais, après le grand poëte Désaugiers, après Dancourt, cet historien hardi, créer nous-mêmes et pour nous une comédie, plus simple, plus vraie et plus complexe que cette admirable comédie, la comédie de nos pères! Oui, il faut bien que quelqu'un ait enfin le courage de l'écrire quelque part, cette funèbre comédie du dix-neuvième siècle, ramassée au hasard du jour le jour dans les chiffons de la muse populaire par les poëtes et les vaudevillistes ; cette farce barbouillée et sanglante que nous savons faire, a, de plus que les autres, sans en excepter la farce de Molière et d'Aristophane, la cruauté et la terreur qui font de la grande comédie! Mais, rassurez-vous, je ne veux pas, comme Atlas, porter un monde sur mes épaules ; je n'ébaucherai pas l'histoire des Harpagon et des Clitandre rêvés par nos chansonniers modernes ; j'essaye seulement d'enregistrer pour les Saumaise futurs les noms qui devront flamboyer dans leur œuvre comme les paroles mystiques au mur de Balthazar ébloui de lumière et de chants! A la première page de ce livre d'or, le premier nom qui s'étale orgueilleusement à nos regards, c'est le nom hyperbolique et fantasque de M. Mayeux. Singulière création que ce Mayeux vantard et poltron, adoré de la même populace qui a tant sangloté d'horreur au funèbre drame d'*Antony*! C'est qu'aussi ce bossu enthousiaste, spirituel et libertin, républicain et garde national, voltairien qui lâche de gros jurements et se déguise en Napoléon, représente bien la triste gaieté bourgeoise de 1830, comme Antony représente bien l'émotion vide et inerte de cette époque d'émeute, dont les héros sont restés gamins sous leurs cheveux gris! Qui a inventé Mayeux, ce petit fils de Polichinelle et de Thersite, digne d'Homère et de l'auteur inconnu de Polichinelle? Faut-il le demander? Ce sont, comme toujours, ces rapsodes inconnus, poëtes de la clairière ou du carrefour, par qui s'invente tout ce qui s'invente en France; car voici la marche fatale de toute idée. Elle naît un jour de quelque père inconnu qui l'emprunte à la grande âme de la foule et la jette toute frémissante dans le moule grossier de son ode, qui sera une ode éternelle comme : *C'est la ville de Moscou, on dit qu'elle est jolie!* ou bien : *Un jeune capitaine revenant de la guerre, cherchant ses amours!* De là, découverte par quelque jeune et obstiné chercheur, caricaturiste ou poëte, elle arrive aux apothéoses du petit journal. Du petit journal au grand journal, le chemin est facile. Et du grand journal, ô honte! l'idée qui a commencé sa marche rétrospective arrive enfin aux suprêmes gémonies du vaudeville. Car, tel que nous l'ont fait de mauvais ouvriers, le vaudeville, ce genre qui devrait être par excellence l'ode, la comédie, la chanson française, est devenu la tombe obscure et honteuse des vieilleries les plus caduques, un Clamart et un Montfaucon livrés à des carabins sans scalpels et sans inscriptions! C'est sur la porte du Vaudeville qu'on aurait dû écrire le fameux mot du Dante! Cependant

Mayeux était né dans ce monde obscur et féerique de l'ode populaire, comme le roi du monde dans sa crèche immortelle. Celui qui vint le saluer le premier, guidé par quelque étoile inconnue, fut un des rois de la caricature, cette guerre spirituelle et sauvage qui faisait trembler les rois de la terre en 1830, du temps de Benjamin et de Philippon! Mais où sont les neiges d'antan? Celui-là est un de ces tristes et farouches soldats de l'art qui vont chercher leur poésie dans ce monde de fange et de vin bleu, de misère, de crime et d'amour brutal qui braille sa triste complainte dans le troisième dessous des capitales; un de ces satiriques qui ont parfois du génie à force de hasard et de douleur, malgré les refus et les froideurs de la muse! Car, avec sa composition infime, son pâle crayon et toute sa tristesse, il a laissé des chefs-d'œuvre, ce Traviès! et son chiffonnier seul eût fait rêver Rembrandt, prince des ténèbres flamboyantes. Quand Traviès eut rencontré Mayeux, ce fut pour lui une grande joie et une grande trouvaille, cette satire vivante si rageuse et si cruelle, et toute parisienne! Traviès devint tout de suite l'ami, le compagnon et le complice de Mayeux; il lui donna ce masque inouï de loustic et de faune, il l'habilla en Napoléon, en Hercule, que sais-je? en garde national; et il lui mit à la bouche, comme un défi jeté à l'Olympe, cet immortel *Nom de D...*, auprès duquel le *Qu'il mourût!* et le *Quos ego*, ne sont pas du sublime. Mayeux fut reconnaissant pour Traviès, qui lui avait donné un sérail, un si bel habit vert-pomme et tant de mots cruels, histoire de rire! A-t-il aimé la gloire, le champagne, Béranger et les grisettes, ce Mayeux! Il a eu toutes les gloires, toutes les poltronneries, toutes les ironies, toutes les fièvres de cette époque de 1830, et, comme l'enthousiasme, le lyrisme et la fausse grandeur de cette épopée mesquine, il s'en est allé en fumée de vaudeville, non sans avoir immortalisé Traviès pour quelques semaines. O revers! ô leçon! dit Victor Hugo. Mais venons au vrai roi, au vrai poëte, au vrai comédien de la comédie moderne, à Robert Macaire. Aussi bien, il y a longtemps déjà que ce grand nom brûle ma plume, à moi indigne! Cette histoire-là, voyez-vous, l'histoire de Robert Macaire, il faudrait l'écrire avec une plume d'aigle ensanglantée, accroupi sur quelque rocher noir et sublime, comme ces rochers de Pathmos du haut desquels saint Jean épouvanté laissa ruisseler sur le monde les horribles splendeurs de son épopée! Ah! pourquoi les caractères typographiques ne sont-ils pas faits d'or et d'écarlate? Figurez-vous une foule assemblée pour voir représenter un mélodrame vertueux par Frédérick-Lemaître. Cependant il se trouve qu'à force de vertu et de niaiserie ce mélodrame est devenu une apothéose flamboyante de la Bohême et du crime, un chef-d'œuvre comme Balzac doit en écrire plus tard. La toile se lève, et tout de suite d'étonnements en étonnements le peuple du boulevard croit le monde bouleversé, et qu'un nouveau déluge est venu. O surprise! à présent c'est la vertu qui est ridicule, la famille, l'honneur, la royauté, la loyauté, tout ce qu'on adorait, c'est cela qui est ridicule, et le vice est bouffon, comique, entraînant, plein de verve et de fantaisie. Le couteau sanglant s'égare en concetti, le bagne plaisante, l'assassinat fait des mots ! Le bagne ! il a volé la pourpre des Césars et il s'en est fait une culotte : il insulte Vénus elle-même ; sous cette culotte rouge il a des souliers de femme, à cothurnes ! L'amitié aussi est éventrée par la sublime invention de ces amis intimes qui s'égorgent toutes les fois qu'ils y pensent. Chose plus grave, dans ce drame d'assassins, de gendarmes et de gens assassinés, c'est le gendarme qui est sacrifié, ce sont les gens assassinés qui ont tort ; l'assassin a les rieurs pour lui, et on couche avec les femmes des commissaires de police ! Enfin l'amour lui-même ce roi du monde, est insulté en compagnie d'Alfred de Vigny *(qui, dans sa tour d'ivoire, avant midi rentrait,)* (1) dans le splendide personnage d'Éloa, ce rêve de madame Dorval ! Quand

---

1. Sainte-Beuve, *Pensées d'août.*

à Aristote, jugez ce qu'il devient dans une comédie qui se dénoue par un ballon illuminé en verres de couleur ! Quand ce drame inouï posa sur notre scène ses pieds chaussés de bas troués, de souliers de femmes et de bottes à l'écuyère, le peuple comprit qu'il venait de se faire de grands écroulements quelque part, il tressaillit dans sa force comme le jour où il avait vu jouer le *Mariage de Figaro*, ce prologue de *Robert Macaire*. Inquiets, les équipages affluaient au boulevard du Temple, et venaient voir ce drame sans rien y comprendre, toujours comme au chef-d'œuvre de Beaumarchais. Frédérick, apôtre sans le savoir (contrairement à Jean Journet,) semblait couronné de rayons.

Le soir de cette représentation, qui fut comme un bombardement immense du passé des peuples, il n'y eut plus en Europe ni rois, ni royauté, ni aristocratie, ni poésie classique. Un mélodrame ultra-classique (le mélodrame est le frère de cette tragédie française qui fait notre gloire) avait tué du même coup Ducis, La Harpe, Campistron, le Charlémagne de cet empire, et même quelques poëtes qui n'étaient pas encore nés alors. Il ne leur restait plus qu'à se faire professeurs d'écriture comme M. Vital, artiste en vingt-cinq leçons, et à faire des chevaux, des Napoléon, des *Androclès et le lion* à la plume! Ce soir-là, plusieurs demi-dieux s'en allaient en rêvant au sortir des Folies-Dramatiques, et dans leurs grands cœurs entrevoyaient déjà, à travers les brumes du passé, une seconde renaissance de l'art et de la poésie française. C'était Hugo qui rêvait don César de Bazan, ce Callot plus beau que tous les Callot! C'était Balzac qui mettait déjà sur leurs pieds en imagination les grandes figures de Vautrin et de Quinola! C'était Delacroix, cet ambitieux toujours tourmenté par l'idée des poëtes, et qui s'est jeté à corps perdu dans l'océan de la couleur, dans l'espoir d'atteindre quelquefois par un effort sublime à la hauteur de la poésie, ce seul art qu'il y ait pour les coloristes! Enfin, c'est Daumier, ce caricaturiste féroce comme les tigres, Daumier qui retournait dans ses larges mains d'homme du peuple, ces figures de Robert Macaire et de Bertrand, et qui songeait déjà à les faire vivre dans une suite de dessins immortels où la société serait attachée au pilori comme le Christ à son gibet. Les cheveux de Daumier ont blanchi ce soir-là, tandis que, du haut de son ciel de carton, Fourier, ce dieu païen, riait d'un rire homérique en regardant tous ces artistes en ébullition, qui croyaient se divertir et qui travaillaient pour son idée ! Il n'y avait pas jusqu'à Henri Monnier qui ne rêvât Jean Hiroux après avoir déjà lancé sur son époque une caricature qui s'appelle M. Prudhomme ! M. Prudhomme, c'est la satire sanglante de la bourgeoisie, et c'est une création plus révolutionnaire que les Iambes de Barbier. Avez-vous retenu cette onomatopée inimitable qui a quatre lignes, pas moins, et qui est plus belle que toutes les onomatopées de Virgile : *Joseph Prudhomme, professeur d'écriture, élève de Brard et de Saint-Omer, expert assermenté près les cours et tribunaux, et qui, pour le moment, plaisantait avec la bonne!* C'est M. Prudhomme qui a adressé cette phrase charmante au chignon d'une jeune Normande : *Bonjour, monsieur ! Il paraît que vous n'avez pas fait votre barbe aujourd'hui !* C'est Prudhomme, journaliste, qui, à une table de rédaction, revendique la plume qu'il a apportée lui-même.

— Pardon, monsieur Prudhomme, répond un collaborateur modeste, j'ignorais qu'elle vous appartînt !

— A présent, monsieur, que j'ai constaté mon droit, dit Prudhomme encadré dans les architectures de son col de chemise, permettez-moi de vous la dédier ! Mais en conscience on ne peut pas expliquer aux bourgeois tout ce que Prudhomme cache d'amertume sous son langage fleuri. D'abord les bourgeois vous empêcheraient d'entrer à l'Institut ; et puis Monnier ne vivrait pas vingt-quatre heures. On inventerait contre lui quelque assassinat juridique. On ne pourra parler clairement et librement de Prudhomme que dans cent ans. Enfin Bilboquet vint ! et ce fut bien autre chose que Malherbe, je crois ! Et ne vous y trompez pas, quoique Bilboquet comparé à Robert Macaire, ce soit l'hysope après le cèdre, il y a eu, comme *démolition*, un grand progrès dans les *Saltimbanques*. En effet, Bilboquet n'a pas eu besoin d'ensanglanter sa scène pour y saper toutes les choses adorées autrefois, la musique, l'art dramatique et l'art du dentiste ! Qu'on se rappelle et qu'on médite ces phrases décisives :

Tu joues un peu du violon. Es-tu seulement de la force de Paganini ?
L'art dramatique est dans le marasme !
Cette femme qui t'aimait beaucoup y consentit facilement.
Un père aussi enrhumé que moi !

Ce père enrhumé, quel coup porté à la Famille ! même après la phrase épique de Robert Macaire sur les cheveux blancs : *Je n'en ai pas, mais je pourrais en avoir.* Qu'eût dit Bossuet ?

Et dire qu'il y a des gens qui jouent encore du violon ! S'il est vrai, comme le prétend Victor Hugo, que l'avenir traduise toujours par une loi vivante et armée du glaive des idées des grands poëtes, voici quelle sera, dans le Code de l'avenir, la traduction de la phrase sur Paganini :

LOI

Art. 1er. Tout individu soupçonné de jouer d'un instrument quelconque encourra la peine de mort. (Car il vaut mieux guillotiner un instrumentiste que d'acquitter vingt innocents.)

Art. 2. Les pianistes seront conduits sur le lieu du supplice pieds nus et la tête couverte d'un voile noir. Leurs deux mains seront coupées. Il leur sera fait lecture de leur arrêt et d'un feuilleton de M. Escudier, après quoi justice sera faite.

Mais quittons cette rêverie ! En même temps que Bilboquet faisait sa révolution musicale, il faisait aussi, et hardiment et sans peur, sa révolution littéraire. Car ce fut la première fois que l'ampleur, la liberté d'action et la grandiose épique du théâtre grec eurent droit de cité sur notre scène. Cela prouve que, comme l'a dit le plus populaire de nos poëtes, la France est révolutionnaire ou elle n'est rien. Et quel autre peuple eût osé faire une comédie grotesque et ruisselante de comique avec ces deux terribles machines appelées la Justice et la Guillotine? Cependant, cette saynète sanglante existe, conservée dans la mémoire des hommes, et dite avec génie par Henri Monnier ou par Tisserant. Figurez-vous que, dans cette farce inénarrable, la scène varie de la cour d'assises au cabanon, du cabanon à l'échafaud, et (voyez le côté terrible) le condamné est enroué! Et à travers tous les épisodes funèbres de la robe noire et du couteau, il lance continuellement cette plainte monotone, articulée par une voix que l'eau-de-vie et les désillusions ont brisée :

Quel *embêtement* d'être enroué comme ça !

Mais j'allais me laisser entraîner à raconter des bribes de ce poëme qu'il ne faut pas raconter et qu'il faut connaître cependant, puisque c'est un chef-d'œuvre, bien que la lecture en soit impossible pour les jeunes personnes. Oui, cette épopée de la hache est sublime d'un bout à l'autre, depuis l'exposition, où, à la question du président :

— Accusé, pourquoi avez-vous porté quinze coups de couteau à *la personne* du malheureux Bernard ?

Jean Hiroux répond :

— Mon président, il était grêlé !

Jusqu'à cette réclamation plus remplie de terreur que tout le Prométhée d'Eschyle :

— Je veux du son propre ? ça, c'est de la sciure de bois, le gouvernement me *doit* du son propre !

Quelle tragédie que celle dans laquelle les condamnés à mort connaissent le programme de leurs devoirs et de leurs droits ! Si j'avais l'honneur d'être ministre de l'instruction publique, je prierais M. Tisserand ou M. Monnier d'écrire JEAN HIROUX, et cet exemplaire unique, je le ferais relier par Capé, et je l'enfermerais dans un coffre de fer de Huret, et je le ferais enterrer pour les générations de l'avenir au Père-Lachaise, sous un monument splendide. Cependant ne riez pas de ce théâtre de sang et de boue : Les révolutions littéraires ne se font pas avec du sucre candi, et elles ne sauraient que tirer de la fameuse formule, *arracher les dents sans douleur!* Toutes ces violences ont été utiles en leur temps pour tuer tout à fait les vieilles poétiques, avant qu'une poésie calme, forte et sereine nous fût inspirée par la religieuse contemplation de la nature, et par l'adoration de la Beauté humaine.

FRÉDÉRICK-LEMAITRE

Certes, les hommes polis, bien élevés, ayant même quelque teinture des lettres, peuvent être, quoi qu'on ait dit, d'excellents comédiens, Talma, Lekain, Baron, Molé, Fleury, Firmin et Menjaud lui-même ont rendu illustre ce type de comédien grand seigneur qui porte le manteau fleurdelisé comme un roi, et l'habit à paillettes comme un gentilhomme. Ce comédien-là fait vivre, et explique avec intelligence et avec esprit la poésie des maîtres illustres comme la poésie la plus médiocre des maîtres secondaires. Il a emprunté à la société qui l'entoure son langage, son habit, ses élégances et le meilleur de ses vices. Il pourrait, sans aucun scandale, porter son théâtre dans le monde, comme il a porté le monde sur son théâtre. C'est le comédien digne, choisi, officiel.

Mais ce comédien de sac et de corde qui tire lui-même de son cœur sa propre comédie, ou qui la ramasse le long des chemins et qui la fait vivre avec son souffle puissant; l'artiste *en dehors,* qui est à la fois un empereur et un vagabond, un bouffon comme Deburau et une muse comme mademoiselle Faucit, cet instrument à la fois trivial et sublime, qui est une image vivante de la poésie et de la corruption de son époque, celui-là ne sort pas des salles enfumées du collége! Il a fallu bien autre chose que la main tremblante d'un pédagogue pour pétrir cette grande statue d'argile et d'or.

Celui-là, regardez-le, écoutez-le; quel spectacle! Il frémit et vibre sans cesse comme le violon de Paganini; sublime ou ridicule, à toute heure un enthousiasme quelconque fait frémir sa lèvre, ouvre sa narine, roidit sa crinière de lion. Il porte son habit de commis voyageur comme Achille son armure d'or; il pleure et prie comme sainte Thérèse; il insulte les dieux comme Ajax ! Il ramasse des loques avec ses mains blanches, il les teint de son sang, de ce sang qui coule toujours à son flanc par quelque blessure ouverte, et il s'écrie plein d'orgueil : « Voilà de la pourpre ! » Et à ce moment-là, pour une heure ou pour une minute, ces loques deviennent de la pourpre en effet, le fer-blanc brille comme toute une constellation, l'ignoble bouchon de carafe taillé à facettes brille, lui aussi, comme toutes les mines de Golconde !

Pour ce comédien de carrefour, rien n'est trop bon ni trop mauvais. Il avale dans la même coupe le vin de Johannisberg et le vin bleu, le lyrisme de Victor Hugo et l'argot de la rue aux Fèves ; son âme, comme si elle était en effet l'âme de l'humanité, peut tout contenir. Il sait qu'on peut tout faire vivre avec l'enthousiasme, avec la colère.

Comme Pierrot, rien ne l'étonne ; comme Gusman, il ne connaît pas d'obstacle. Donnez-lui la strophe tendre et limpide de Lamartine ou le fougueux *romancero* du quartier Latin, le drame de Prométhée ou le drame de Jocrisse, toutes les vérités, toutes les nudités, toutes les fantaisies, tous les délires, notre homme y trouve sa poésie à lui et s'y promène fièrement, les pieds sur les ignobles planches raboteuses, le front dans les étoiles !

De cette école sublime, si toutefois l'idée du sublime peut s'accoupler à l'idée d'*école*, il ne nous reste plus qu'un comédien : Frédérick-Lemaître.

Hélas ! les littérateurs ont gâté Frédérick comme ils ont gâté les Funambules, (moi, tout le second), en l'expliquant. Ils ont dit que Frédérick était un Talma. Par Bobèche, ceux qui ont dit cela en ont menti. Il n'y a eu qu'un Talma, et c'est bien assez. Enfin, pour second Talma, si vous tenez absolument à avoir un second Talma, prenez Ligier ! Moi, je vais vous raconter Frédérick-Lemaître, un conte plus prodigieux que *Riquet à la Houppe* et la *Fille aux yeux d'or*.

Un jour que le temps est doux, après avoir dîné convenablement et pris votre café, de bon café, vous allez fumer tranquillement un cigare sur les boulevards. Vous êtes gai, heureux, bien portant, votre journée de travail est finie, vos souliers ne sont ni trop petits, ni trop grands, vous avez la barbe faite, vous portez au milieu de la foule une âme sereine.

Mais vous passez devant des affiches de spectacle, brunes, grises, rouges, jaune clair, sans compter l'affiche verte des bals, qui voudraient vous déranger de votre doux nonchaloir. Vaines espérances! Vous êtes Parisien, vous connaissez les détours de l'Opéra comme ceux du sérail, les mensonges de la représentation à bénéfice vous sont familiers, le vaudeville d'été n'a plus de secrets pour vous ; vous allez passer fièrement.

Cependant, parmi ces affiches dédaignées, une affiche plus audacieuse et plus sympathique vient s'étaler et vivre sous vos yeux, comme si elle avait des bras et des jambes dessinés par Nadar. Cette affiche vous prend par la main, vous attache, vous subjugue, vous retient obstinément par un bouton de votre paletot. Courtisane éhontée, elle vous appelle des plus doux noms, fait l'enfant, vous enivre de parfums pénétrants et de blancheurs d'épaules nues; il faut lui céder. C'en est fait, vous voilà assis à l'orchestre de la Porte-Saint-Martin, derrière M. de Groot.

Il y a d'abord peu de monde, la salle vous semble mal éclairée et laide. Vous attendez Frédérick. Frédérick, c'est-à-dire Oreste, Hamlet, Othello, Roméo, Shylock, Napoléon, Gennaro, le Joueur, Triboulet, Ruy-Blas, tout le théâtre de Shakespeare, de Victor Hugo, d'Alfred de Vigny, d'Alexandre Dumas et de Dinaux, qui a presque recommencé le grand Pixérécourt!

Il entre enfin.

O déception! Quoi! ce vieux jeune homme coiffé d'un toupet ridicule, cette misère, ces haillons, cette voix fêlée, cette prononciation fausse, ce débris de tant de débris, c'est là Frédérick! Et d'ennui vous vous retournez pour regarder le public triste de tout à l'heure. Mais quel étonnement! à la place de ce public commun, clair-semé, ennuyé, il y a là une foule immense, un peuple dompté, courbé, agenouillé sous le charme! Et à peine vos yeux ont-ils repris la direction de la scène, que votre homme s'est transformé.

A présent il est beau, jeune, énergique, taillé comme Antinoüs, fier comme le Cid! Il a vingt ans. Sa voix claire, harmonieuse, douce et terrible, éclate comme les strophes d'un chant lyrique. On crie, on pleure, on sent avec lui son amour, sa haine, sa colère; il est véritablement à présent Roméo, Ruy-Blas, Hamlet, prince de Danemark!

Et vous, vous le spectateur indifférent, blasé et égoïste, vous avez envie d'enjamber sur la scène, d'étreindre et d'embrasser cet homme qui a fait danser dans votre âme les spectres de vos anciennes amours! Ah! il peut à présent se montrer faux, froid, vieux, commun et ridicule comme tout à l'heure, s'il veut! qu'importe? Vous l'aimez. Vous aimerez ses défauts et ses vices comme ceux d'une maîtresse adorée.

Cependant vous vous dites en vous-même qu'avec son lyrisme, sa poésie, son sublime, ce Talma du Parnasse doit être maladroit, bégueule et aristocrate, comme tous les comédiens, les poëtes, les écrivains sublimes! Mais bah! voici que le drame tourne au comique, et votre Roméo fait Arlequin à rendre pâles MM. Laurent, Cossard, Bourgeois, Vautier et Derudder! Il touche aux accessoires comme un danseur, comme un mime expérimenté. Il a la force, la grâce, l'agileté, la raillerie cruelle, la verve d'échine du clown Flexmore! Quoi! ce sauteur? Oui, ce sauteur, cet Alcide, cet Hercule du Nord, ce Candler bondissant, c'est la lyre qui vibrait tout à l'heure, c'est la voix qui vous a enchanté, c'est la main qui tordait les cordes secrètes de votre âme.

Mais d'où sort-il donc, cet homme? Où a-t-il appris, ce comédien inouï, ce qui fait rire et ce qui fait pleurer, la tragédie, la comédie, le drame, la strophe, l'antistrophe et l'épode, et le saut de carpe? Dans quel théâtre, dans quel palais, dans quel carrefour? D'où sort-il?

Des vrais théâtres, parbleu ! de ceux où l'on rit ! de ceux où l'on sanglote ! de ceux où habitent parmi les blouses la terreur et la pitié de la tragédie grecque ! des Funambules, du Cirque, de l'Ambigu surtout, où il déclamait des phrases comme celle-ci, en maillot rouge :

— « L'humble genêt du vallon peut-il s'élever à la hauteur du superbe palmier de la montagne ! »

Ah ! c'est que Frédérick n'est pas un Talma ! Frédérick est tout simplement le *dernier des Almanzor !*

Vous savez ce qu'on appelle au théâtre *Almanzor.* (C'est tout l'ordre d'idées exploité par Gavarni dans sa série *les Coulisses.*) Le bruit, l'emphase, la pompe, le clinquant, le strass, la déclamation ampoulée, tout le fatras des amoureux de la reine de Trébizonde, enfin les *Turcs des rues.* Seulement l'âme, la poésie, l'intelligence, la force, sont quelquefois dans tout cela, et alors on a Frédérick.

Et alors, ne vous y trompez pas, c'est l'Almanzor qui est dans le vrai. Son strass a raison, sa frisure aussi, son maillot aussi. Car son élégance d'ouvrier estampeur est la vraie élégance du théâtre, son strass est les vrais diamants du théâtre, ses haillons sont la vraie pourpre du théâtre! Ce qui est faux (relativement, bien entendu), c'est la vraie élégance, la vraie pourpre, les vrais diamants! Tout cela est aussi faux que les vrais arbres qu'on a plantés deux ou trois fois sur la scène, tandis que les arbres roses et bleus de Séchan et de Thierry sont si vrais, aux chandelles!

Maintenant, voulez-vous une preuve matérielle de la grandeur de Frédérick? Eh bien! cet homme, qui est comédien à une époque où l'on a si justement reconnu que le préjugé contre les comédiens n'était pas un préjugé, a été discuté, vilipendé, calomnié comme tous les grands poëtes, tous les grands peintres, tous les grands statuaires, tous les grands musiciens. C'est que, comme eux, il a entrevu (de bien plus loin, il est vrai), les mondes vivants de la couleur et de l'harmonie, ou plutôt il a été lui-même ce que rêvaient ces grands artistes.

Ce qu'il y a de beau et d'admirable à notre époque, qui est l'apothéose de toutes les grandeurs et de toutes les gloires, c'est la façon dont les intelligences supérieures s'attirent entre elles comme des molécules de même nature.

Hugo, hardi dramaturge, arrive, comme Charlemagne, portant dans sa main un monde nouveau, un globe étoilé.

Cependant, il lui faut trouver l'homme qui sera Cromwell, Triboulet, Gennaro, Ruy-Blas. Il trouve Frédérick.

Alexandre Dumas, mal content de la tragédie, voit les artistes anglais et devine Shakspeare avec son heureux instinct. Il rêve de faire de Frédérick un Kean et un Macready, et il y réussit. Il songe un jour au géant contemporain, à Napoléon, et Frédérick est encore de moitié dans le rêve.

Enfin le peuple, qui a payé Versailles et Trianon et toutes les splendeurs du Roi-Soleil, veut connaître un jour, en 1845, son poëte Racine, dont les journaux républicains lui ont tant parlé. Il veut, lui aussi, qu'on lui raconte ces sombres tragédies, ces drames sanglants, ces colères en beau langage harmonieux, ces luttes de rois et de princes qui jusque-là n'ont fait pleurer et gémir que des princes et des rois. Lui aussi il veut voir Andromaque pleurer ses dieux domestiques et sa patrie violée et morte, Hermione agiter d'une main convulsive les serpents de la jalousie, Oreste se débattre sous l'Euménide. Il veut s'enivrer de toute cette horreur et toucher de sa main ces furies couronnées de diadèmes.

Quel sera le comédien assez populaire, assez peuple, assez prince cependant, pour représenter un prince de l'antiquité sans choquer ce peuple impatient qui exècre l'antiquité et les princes? Toujours Frédérick.

Ah! quand cet homme sera mort comme Roscius et Préville, un grand sculpteur, le Phidias d'alors, fera avec sa tête un buste magnifique, et, sous ce buste qui sera placé à la Comédie-Française, la Comédie écrira ce vers fait par sa sœur l'Académie pour le plus grand poëte de tous les temps :

Rien ne manque à sa gloire, il manquait à la nôtre.

En ce temps-là *les Baigneuses* de M. Courbet seront oubliées, et même le théâtre de M. Jouhaud et le théâtre de M. Scribe, et même le petit livre que j'ai le plaisir de transcrire à l'heure qu'il est pour mon cher éditeur Michel Lévy.

UTOPIES SUR LA COPIE

FRAGMENT

D'UNE CONVERSATION PARISIENNE

―――――――――――

Il était dix heures du matin ; comme tous les jours à la même heure, on causait littérature et beaux-arts chez Verdier, le grand critique, tandis que cet omniarque de la presse polissait ses dents d'ivoire avec les cent mille gammes de brosses molles et dures, disposées en flûtes de Pan, que tout Paris lui connaît. Louis, l'immortel Louis, serré dans sa casaque de Scapin, essuyait silencieusement le flacon de vieille eau-de-vie. Il y avait là le fameux romancier Joseph d'Estienne, le poëte Émile de Nanteuil, le vaudevilliste

Maupin, membre de l'Académie française, et Simonet, l'Ajax de la petite presse. On fumait de bons cigares.

. . . .

— Messieurs, s'écria Verdier, toujours plus rose, fleuri et florissant sous son célèbre bonnet de coton, immuable comme les dieux, au nombre des maux qui affligent l'espèce humaine, il faut placer au premier rang...

— L'usage de se faire la barbe, interrompit le vieux Maupin. J'ai vu ça chez un coiffeur de la rue de Valois.

— Il faut, reprit Verdier, placer au premier rang la nécessité de faire de la copie. (Louis, versez de l'eau-de-vie à M. Maupin ; il se taira peut-être, je l'espère du moins.)

— Oh ! la copie ! fit Joseph d'Estienne en caressant son front olympien et sa bouche rabelaisienne, la copie ! Ce n'est pas la mer à boire ; moi qui vous parle, j'ai trouvé le joint.

— Ah ! comment vous y prenez-vous ! demanda Verdier.

— Mais très-simplement. J'ai un sujet de roman ; un sujet, c'est-à-dire un titre, un sujet pas plus avancé que ne sont les sujets de Maupin, quand il vient crier ici : « J'ai un sujet de pièce ! c'est pour Ozy, elle sera tout en rose : robe rose moirée, chapeau rose, mantelet rose, et les bottines en soie rose. Le théâtre représente un bal champêtre. Vous comprenez ? »

— Oh ! dit Maupin, vous brodez !

— Louis, un second petit verre à M. Maupin. Je vous disais donc que j'ai un sujet comme Maupin, c'est-à-dire : *Sœur Marie-des-Anges*, 1 vol. in-18 ; prix : 3 francs. Voici la situation : on ne veut plus que du Sand, et ma copie baisse : donc il faut que je vende cela très-cher. Je le vends parce qu'il le faut ; une fois le livre vendu, il faut bien que je le fasse, et voilà ! ça n'est pas plus difficile que ça.

— Permettez, dit Maupin, cela n'explique pas...

— Messieurs, dit Nanteuil, d'Estienne a le droit de parler légèrement de la copie, lui qui a fait deux cents volumes de chefs-d'œuvre en demeurant de ce côté-ci de l'eau !

Nous-mêmes nous y sommes faits depuis que nous avons de quoi acheter des gants; mais il y a un âge où c'est très-pénible, l'âge où l'on a encore toutes ses illusions.

— Oh! murmura Simonet, un moment j'ai cru avoir résolu le problème!

On cria en chœur : « Écoutons! écoutons! comme dans les mélodrames réalistes. Simonet reprit:

— Nous étions jeunes alors, Nanteuil et moi, et nous demeurions ensemble. Il faisait de la poésie pour les petits journaux, et je faisais du petit journal pour la *Revue des Deux-Mondes*. Nous avions un laquais qui portait la copie aux petits journaux roses d'alors; cet homme, entièrement *impayé*, était bête, mais bête... comme la portière dont parle Arnal: il n'avait même pas comme elle le talent de bien parler politique. Ce malheureux était Belge. Nous l'avions fait passer par tous les états d'homme et de quadrupède. Quand nous allions voir une pièce pour en rendre compte dans le *Liégeois Dramatique* ou dans l'*Observateur des Spectacles*, il marchait derrière nous, portant le pot à tabac, pour nous donner dans les entr'actes des cigarettes tout allumées. Nous l'avions même dressé à rester chez nous en notre absence (*mirabile dictu,*) et à faire, par procuration, une cour assidue aux « *lorettes* » qui venaient nous demander. Un jour je m'aperçus que le nommé Baptiste réussissait parfaitement dans cet exercice de force et d'adresse ; c'est alors que j'eus une idée sublime.

— Écoutons ! écoutons !

— Je pensai que, puisqu'on avait dressé Baptiste à faire un homme aimé, on pouvait bien le dresser à faire de la copie.

— C'est merveilleux ! s'écria Verdier. En fit-il ?

— Il en fit, dit Nanteuil avec une noble satisfaction ; il en fit même beaucoup, et il la portait lui-même. Nous n'avons jamais été plus heureux Simonet et moi, dans tout notre temps de Bohême. Mon cher, nous avions des mouchoirs de poche blancs tous les jours !

— Et, dit d'Estienne en regardant Maupin

de travers, qui donc trancha le cours d'une si belle... copie ?

— Le vers n'y est pas, fit observer Maupin.

Mais Verdier, furieux, cria à Louis d'une voix terrible :

— Louis, vous oubliez M. Maupin !

Et la conversation reprit son cours. Simonet reprit avec un profond soupir :

— Figurez-vous que ce malheureux avait volé le *Dictionnaire des rimes* de Nanteuil ! Nanteuil prétend qu'il s'en sert beaucoup ; mais vous savez que c'est une pose, de sorte que nous avons été assez longtemps à nous apercevoir de la soustraction ; et pendant ce temps...

— *Ohime!* s'écria Verdier, malheureux critique que je suis ! Je vois déjà le dénoûment. Il sera *tragique*, n'est-ce pas ? Pendant ce temps...

— Vous avez deviné ! dit Simonet. Pendant ce temps, le malheureux était devenu un *homme littéraire :* il avait fait une tragédie réaliste et l'avait fait recevoir à l'Odéon.

— De sorte que vous dûtes le jeter à la porte ? dit Joseph d'Estienne.

— Parbleu ! fit Nanteuil. Mais une autre fois nous avons eu une idée encore plus triomphante.

— Qu'est-ce que c'est ? demanda Verdier en engloutissant ses mains dans sa veste de soie rayée faite avec une vieille robe de sa femme.

— Voilà, dit Nanteuil. Comme tous les don Juan nés en même temps que la première édition de *Mademoiselle de Maupin*, nous avions pour amantes une certaine quantité de duchesses toutes plus ou moins frangères, écaillères, brunisseuses, giletières, culottières et artistes dramatiques, comme dans les romans de Paul de Kock.

— Père ou fils ? demanda d'Estienne.

— Père et fils, dit Nanteuil. Ces bonnes filles étaient habituées à travailler douze heures par jour et à se nourrir de peu ; nous eûmes l'heureuse idée de monter un atelier de femmes.

— Pour la copie ? fit Verdier.

— Superbe affaire ! dit le grand romancier. Et comment cela a-t-il fini, puisque, hélas ! il faut toujours finir par demander ça ?

— De la façon la plus triste ! répondit Simonet en versant quelques larmes. Ces malheureuses voulaient que nous les *présentassions* chez George Sand ! *Présentassions* est d'elles, bien entendu.

— Messieurs, dit Maupin, on dit que les vaudevillistes sont farceurs ; mais, *nom d'un petit bonhomme !* je vous donne ma parole d'honneur que vous autres littérateurs, vous êtes encore bien plus farceurs que nous !

— Vraiment ! cria Verdier.

Et il laissa tomber sur le ventre de Maupin un coup de poing terrible, un coup de poing véritable, comme aux Funambules.

— Moi, messieurs, dit Joseph d'Estienne avec son charmant sourire, j'ai vu en ma vie, (il est vrai que je deviens vieux), quelque chose de plus étonnant que le groom versificateur et que l'atelier de femmes pour la copie !

Un sourire d'incrédulité éclaira tous les

fronts. D'Estienne reprit sans s'émouvoir :

— J'étais encore un *gamin*, et j'avais deux amis. Ces *mortels*, comme dirait M. Maupin, ces mortels aimés des dieux ont eu le bonheur de mourir avant de devenir célèbres ; je ne vous dirai donc que leurs noms de baptême : Henri et Paul. Henri avait pour état de faire d'assez jolies *orientales*, que les *Orientales* d'Hugo ont fait tomber dans le troisième dessous, comme vous le pensez bien : quant à Paul, il faisait des quarts *insignés* de mélodrames et des canards pour les journaux anglais. Ces malheureux n'avaient qu'une paire de bottes. (Pardon, Verdier, je n'ose pas dire : Et quelles bottes!) Après avoir mangé de tout ce qui — ne se mange pas — à Paris, et s'être donné le choléra et la fièvre cérébrale par économie, Henri et Paul firent à eux deux, peut-être mentalement, un très-beau monologue, qui voulait dire quelque chose comme ceci : O patrie, ton devoir est de payer notre pain, notre rotsbeef, notre tabac et nos vices ; tu ne veux pas les payer, tu les paieras !

— Mais, dit Maupin, s'ils étaient deux, ce n'était pas un monologue. Au théâtre, nous appelons monologue...

Verdier cria :

— Louis !!!

D'Estienne continua :

— Ils découvrirent, place de la Bourse, un propriétaire qui probablement ne connaissait pas le fameux vers : « *Aimez qu'on vous conseille...* » et lui louèrent une boutique quittée la veille par un changeur devenu millionnaire. Un de leurs camarades, décorateur habile, vint leur peindre une enseigne sur laquelle on lisait cette inscription, noyée dans une forêt vierge d'ornements :

Henri D... et Paul C..., hommes de lettres, entreprennent, au plus juste prix, tout ce qui concerne leur état.

Dans des cadres d'écrivain public, on lisait :
« MM. Henri D... et Paul C... font vers, prose,
« romans, drames, comédies et couplets, aux
« prix ci-dessous indiqués. Un commis intel-
« ligent se charge des tragédies au rabais, et
« traite de gré à gré avec les personnes.

« On trouve à toute heure des plans de
« drames, comédies, romans et vaudevilles
« sur tous les sujets ; des scènes sur toutes les
« situations. En prévenant vingt-quatre heu-
« res à l'avance, on traite des sujets spéciaux
« au goût des personnes. »

Suivaient des spécimens avec ces inscriptions : « Dans ce genre, vingt-cinq centimes
« la ligne ; dans ce genre, dix centimes. » Il y
en avait à tout prix. Au bas de chacun des
factums, on lisait : « *Nota.* Le réalisme se paie
« dix centimes en plus. »

— C'était superbe ! Il y avait le côté des
hommes et le côté des dames, et Baptiste se
tenait à l'entrée en grande livrée, prêtée par
Léontine, du théâtre Comte : car Henri et
Paul avaient alors le Baptiste qui devint plus
tard votre Baptiste, mon cher Nanteuil. Baptiste (1) est éternel comme Scapin et Mascarille.

1. Illustré et rendu immortel depuis la première
publication de cette fantaisie, par la célèbre comédie
intitulée la *Vie de Bohême.*

— Cette spéculation dut avoir un grand succès, dit Verdier.

— Très-grand, répondit d'Estienne ; si grand, que la presse s'en émut. Mais la chose finit mal. Henri avait fait dans le temps je ne sais quel travail sur l'emploi de la pantomime dans le drame sanscrit ; il reçut la croix au moment où il s'y attendait le moins, et fut forcé de renoncer à l'excellent métier qu'il avait créé. La boutique fut fermée, Henri alla se faire tuer en Grèce, et le pauvre Paul, affriandé par la croix de Henri, se mit à tartiner des travaux sérieux pour les revues, des tas de bêtises ! Il est mort pauvre et malhonnête.

— Mais, objecta Maupin, si l'histoire que vous venez de raconter est véridique, comment expliquerez-vous que les feuilles publiques n'aient point pris le soin de relater un fait aussi inusité ?

— Ah ! dit Verdier, si vous étiez journaliste vous comprendriez ça.

— Mais, reprit Maupin, comme je suis un auteur comique...

Simonet regarda Maupin avec un sourire amer, et dit avec la mélopée d'Odry :

— Allons donc !

Nanteuil, un moment rêveur, se tourna vers le grand romancier et lui dit avec un peu de mélancolie :

— Ne trouvez-vous pas, mon cher d'Estienne, que si un homme de lettres avait pu conserver la collection complète de tous ses premiers écrits, improvisations étincelantes de petits journaux, pleines de rêverie comique, satires naïves, toutes ces feuilles échevelées à tous les vents, cette collection deviendrait pour lui une source de curieux souvenirs et de graves enseignements !

— Oh ! dit d'Estienne, tout le monde a essayé. Mais les rudes hivers, les maîtresses qui portent des anglaises, les hôtels où l'on ne paie pas, et le manque d'allumettes chimiques, ne permettent pas de réaliser ce beau rêve.

— Messieurs, dit Maupin d'un air capable, de jeunes littérateurs, destinés peut-être à vous éclipser, me soumettaient l'autre jour cette question épineuse.

— Pourquoi faire? dit Simonet, en souriant comme il sourit :

— Messieurs, leur disais-je, vous êtes ici une dizaine de jeunes écrivains, tous dans une position embarrassée. Que ne louez-vous à frais communs une chambre d'hôtel garni du prix de vingt-deux francs? Celle-là vous la paieriez exactement, et vous y déposeriez vos archives.

— Voilà, dit Verdier, le premier mot spirituel de Maupin.

— Mais, dit Simonet, puisque ça serait dans un hôtel, il y aurait un lit dans la chambre.

— Sans doute, répondit Maupin.

— Et si l'un des co-associés se trouvait sans domicile, il viendrait y coucher, n'est-ce pas?

— Mais, dit Maupin, je n'y vois aucun inconvénient.

— Ni moi. Seulement les dix jeunes littérateurs qui doivent nous éclipser un jour viendraient nécessairement chaque soir coucher tous les dix en ménage dans la chambre des archives; et les dames feraient des papillotes avec les archives.

. . . .

Chacun resta étonné de la profondeur de Simonet. On alluma de nouveaux cigares et on rêva quelque temps en silence aux histoires singulières qu'on venait d'entendre. Maupin venait de succomber à l'envie de dormir qui le poursuit éternellement. Ce vieil immortel, qui prêtera sa tête à Auguste Préault pour une statue symbolique du Sommeil, dormait comme il dort à l'Académie les jours où le savant M... laisse couler de ses lèvres une éloquente improvisation contre l'orthographe de Voltaire.

FIN

TABLE

	Pages
LA VIE D'UNE COMÉDIENNE.	5
LE FESTIN DES TITANS.	89
LES PAUVRES SALTIMBANQUES.	129
LE VOYAGE DE LA FANTAISIE.	145
LE VIOLON ROUGE.	161
MADAME DORVAL A SAINT-MARCEL.	169
LE TURBAN DE MADEMOISELLE MARS.	179
UN AUTEUR CHEZ LES MARIONNETTES.	191
L'ARMOIRE A GLACE.	205
LES FÉERIES DU ZINC.	217
LES TYPES COMIQUES.	230
FRÉDÉRICK-LEMAITRE.	247
UTOPIES SUR LA COPIE.	261

TYP. A. POUGIN, 13, QUAI VOLTAIRE [v.1046]

www.ingramcontent.com/pod-product-compliance
Lightning Source LLC
Chambersburg PA
CBHW050647170426
43200CB00008B/1192